LA GUERRE DES SEXES

LA GUERRE DES SEXES

OÙ L'ON VOIT COMMENT HOMMES ET FEMMES SE QUERELLÈRENT AU GRAND SIÈCLE, SANS JAMAIS POUVOIR TRANCHER EN FAVEUR DE L'UN OU L'AUTRE SEXE.

Textes recueillis
par Maguy Ly
et Nicole Masson

CHÊNE

Helas ma
dame
vous
mercy

Pièce satyrique contre les femmes, appelée *Le Grand Lustucru*, gravée au simple trait. On y voit entre autres plusieurs forgerons, qui travaillent des têtes de femmes, les uns à la forge, les autres sur l'enclume, morceau très rare. Le Clerc, croyant être obligé de faire réparation aux dames, grava et publia *La Grande Destruction de Lustucru*, où l'opérateur et ses forgerons sont fort maltraités par les femmes. Le graveur F. Campion a ombré la première estampe du Lustucru et Chiquet, marchand d'estampes, y a ajouté quantité de quolibets et de mauvaises plaisanteries contre les femmes.

Dictionnaire des artistes dont nous avons des estampes,
Karl-Heinrich von Heinecken

La plupart des mères s'imaginent qu'il suffit de ne jamais parler de galanterie devant les jeunes personnes, pour les en éloigner. Madame de Chartres avait une opinion opposée ; elle faisait souvent à sa fille des peintures de l'amour ; elle lui montrait ce qu'il a d'agréable, pour la persuader plus aisément sur ce qu'elle lui en apprenait de dangereux ; elle lui contait le peu de sincérité des hommes, leurs tromperies et leur infidélité ; les malheurs domestiques où plongent les engagements ; et elle lui faisait voir d'un autre côté, quelle tranquillité suivait la vie d'une femme honnête, et combien la vertu donnait d'éclat et d'élévation à une personne qui avait de la beauté et de la naissance : mais elle lui faisait voir aussi qu'elle ne pouvait conserver cette vertu, que par une extrême défiance de soi-même, et par un grand soin de s'attacher à ce qui seul peut faire le bonheur d'une femme, qui est d'aimer son mari et d'en être aimée.

La Princesse de Clèves,
Madame de La Fayette

On ne compte d'ordinaire la première galanterie des femmes que lorsqu'elles en ont une seconde.

***

Il y a peu de femmes dont le mérite dure plus que la beauté.

Maximes, La Rochefoucauld

Les Géants après le déluge des eaux voulurent bâtir la tour de Babel : mais les femmes dans le déluge des langues bâtissent la tour de babil.

La Cour sainte, Nicolas Caussin

Une belle femme qui a les qualités d'un honnête homme est ce qu'il y a au monde d'un commerce plus délicieux : l'on trouve en elle tout le mérite des deux sexes.

Les Caractères, Jean de La Bruyère

Quelle honte à des femmes chrétiennes d'avoir moins de pudeur et de modestie que des femmes débauchées et idolâtres. Celles-là ne voulaient paraître en public que voilées, afin qu'on ne pût pas même douter de leur vertu, celles-ci veulent paraître la gorge nue sans se soucier de risquer leur vertu, et de donner un juste sujet de croire qu'elles méprisent les maximes de leur religion. Les unes et les autres savent que c'est pour elles une marque de pureté que de couvrir leur sein. Les femmes idolâtres le cachent, les femmes chrétiennes le découvrent ; que peut-on inférer de là si ce n'est qu'en cette rencontre, les femmes idolâtres paraissent chrétiennes, et les femmes chrétiennes idolâtres ?

De l'abus des nudités de gorge,
abbé Boileau

De la louange et beauté des dames

Trois choses blanches : la peau, les dents et les mains.
Trois noires : les yeux, les sourcils et les paupières.
Trois rouges : les lèvres, les joues et les ongles.
Trois longues : le corps, les cheveux et les mains.
Trois courtes : les dents, les oreilles et les pieds.
Trois larges : la poitrine ou le sein, le front et l'entre-sourcil.
Trois étroites : la bouche, l'une et l'autre, la ceinture ou la taille et l'entrée du pied.
Trois grosses : le bras, la cuisse et le gros de la jambe.
Trois déliées : les doigts, les cheveux et les lèvres.
Trois petites : les tétins, le nez et la tête.

Anonyme,
repris depuis le XVIe siècle

La Carte de Tendre

Aussi cette sage fille voulant faire connaître sur cette Carte qu'elle n'avait jamais eu d'amour, qu'elle n'aurait jamais dans le cœur que de la tendresse, fait que la Rivière d'Inclination se jette dans une mer qu'on appelle la Mer Dangereuse ; parce qu'il est assez dangereux à une femme d'aller un peu au-delà des dernières bornes de l'Amitié ; et elle fait ensuite qu'au-delà de cette Mer, c'est ce que nous appelons Terres Inconnues, parce qu'en effet nous ne savons point ce qu'il y a, et que nous ne croyons pas que personne ait été plus loin qu'Hercule ; de sorte que de cette façon elle a trouvé lieu de faire une agréable morale d'amitié, par un simple jeu de son esprit ; et de faire entendre d'une manière assez particulière, qu'elle n'a point eu d'amour, et qu'elle n'en peut avoir.

Clélie, Madeleine de Scudéry

Pourquoi s'en prendre aux hommes de ce que les femmes ne sont pas savantes ? Par quelles lois, par quels édits, par quels rescrits leur a-t-on défendu d'ouvrir les yeux et de lire, de retenir ce qu'elles ont lu, et d'en rendre compte ou dans leur conversation ou par leurs ouvrages ? Ne se sont-elles pas au contraire établies elles-mêmes dans cet usage de ne rien savoir, ou par la faiblesse de leur complexion, ou par la paresse de leur esprit ou par le soin de leur beauté, ou par une certaine légèreté qui les empêche de suivre une longue étude, ou par le talent et le génie qu'elles ont seulement pour les ouvrages de la main, ou par les distractions que donnent les détails d'un domestique, ou par un éloignement naturel des choses pénibles et sérieuses, ou par une curiosité toute différente de celle qui contente l'esprit, ou par un tout autre goût que celui d'exercer leur mémoire ? Mais à quelque cause que les hommes puissent devoir cette ignorance des femmes, ils sont heureux que les femmes, qui les dominent d'ailleurs par tant d'endroits, aient sur eux cet avantage de moins.

On regarde une femme savante comme on fait une belle arme : elle est ciselée artistement, d'une polissure admirable et d'un travail fort recherché ; c'est une pièce de cabinet, que l'on montre aux curieux, qui n'est pas d'usage, qui ne sert ni à la guerre ni à la chasse, non plus qu'un cheval de manège, quoique le mieux instruit du monde.
Si la science et la sagesse se trouvent unies en un même sujet, je ne m'informe plus du sexe, j'admire ; et si vous me dites qu'une femme sage ne songe guère à être savante, ou qu'une femme savante n'est guère sage, vous avez déjà oublié ce que vous venez de lire, que les femmes ne sont détournées des sciences que par de certains défauts : concluez donc vous-même que moins elles auraient de ces défauts, plus elles seraient sages, et qu'ainsi une femme sage n'en serait que plus propre à devenir savante, ou qu'une femme savante, n'étant telle que parce qu'elle aurait pu vaincre beaucoup de défauts, n'en est que plus sage.

Les Caractères, Jean de La Bruyère

Qui voudra belle femme querre chercher,
Prenne visage d'Angleterre,
Ayant le corps d'une Flamande
Et les tétins d'une Normande,
Entés sur un cul de Paris,
Il aura femme de bon prix.

Procès et amples examinations sur la vie de Carême-Prenant

Ne sont-elles pas à plaindre de se mettre à la gêne et à la torture pour s'habiller à la mode, et pour donner quelque agrément et quelque grâce à leur sein, parce qu'elles veulent le faire voir ? À combien d'infirmités et de maladies ne s'exposent-elles point en serrant trop leur poitrine, et en la montrant presque toute nue. Quelque grande que soit la froidure de l'air elles la souffrent sans se plaindre, pourvu qu'elle n'altère pas la beauté de leur gorge, et sans craindre les fluxions et les rhumes qui sont les effets ordinaires de leur nudité, elles supportent constamment la rigueur de toutes les saisons, pour avoir le plaisir d'être vues, et l'espérance de pouvoir plaire.

De l'abus des nudités de gorge,
abbé Boileau

Vous me défendez d'approcher
De votre bouche sans pareille :
Votre gorge est une merveille,
Qu'on n'ose ni voir, ni toucher,
Le moins coupable des humains,
Et qui souffre le plus de peine,
C'est, ô trop aimable inhumaine,
Un amant sans yeux et sans mains.

abbé Cotin

Conseils de Cloris à Philis

La foi n'est plus aux cœurs qu'une chimère vaine,
Tu dois, sans t'arrêter à la fidélité,
Te servir des amants comme des fleurs d'été,
Qui ne plaisent aux yeux qu'étant toutes nouvelles :
Nous avons de nature au sein doubles mamelles,
Deux oreilles, deux yeux et divers sentiments,
Comment ne pourrions-nous avoir divers amants ?
Je connais mainte femme à qui tout est de mise,
Qui changent plus souvent d'amant que de chemise.

Mathurin Régnier

Ah ! juste Dieu, dit-il à M. Charpentier, que la maîtresse à qui je ne suis que par votre moyen est vertueuse ! Pour lui avoir aujourd'hui baisé deux ou trois fois la main, elle m'a vigoureusement querellé ; voyez ce qui m'arriverait, si je faisais pis. Je n'ai osé lui dire que je ne faisais l'amour que pour baiser, et que j'aimerais autant être amoureux *ad honores*, que de ne pas faire les fonctions requises à la qualité que ses yeux m'ont contraint de prendre. Je croyais, en vérité, qu'étant amant déclaré d'une fille, c'en était être plus d'à moitié le mari, et qu'on faisait toujours quelques pas du côté de l'amour défendu, avant que d'en venir à l'amour permis. À vous dire le vrai, je me lasse d'être amant, s'il n'y a que cela à faire. Il est juste, si j'ai la discrétion de ne rien demander à la belle qui lui coûte quelque chose, qu'elle ait la complaisance de me laisser prendre ce qui ne lui coûte rien. La charmante Clotilde, que vous connaissez pour avoir autant de vertu que fille du monde, en use d'une façon bien plus galante. Quand, lundi, je revins de la campagne, après deux baisers qu'elle reçut aussi goulûment que je les lui donnais, son fichu qui vint à tomber, m'ayant obligé de couvrir sa gorge de mes deux mains, de peur que d'autres ne la vissent, elle m'en remercia le plus civilement qu'il lui fut possible, et me demanda si je n'avais besoin que de cela. Il n'y a rien qui satisfasse tant, ni qui revienne à si peu de frais.

Lettre de Boursault à Charpentier

L'amitié peut subsister entre des gens de différents sexes, exempte même de toute grossièreté. Une femme cependant regarde toujours un homme comme un homme ; et réciproquement un homme regarde une femme comme une femme. Cette liaison n'est ni passion ni amitié pure : elle fait une classe à part.

Les Caractères, Jean de La Bruyère

COLOMBINE

Ah qu'il y a de sottes gens à Paris ! Nos dehors sont réglés, nos airs font gracieux, nos mines sont modestes, tout ce qui paraît est bon : mais tournez la médaille, rien n'est plus bizarre que notre humeur, rien n'est plus faux que notre mérite. Notre petit particulier cache des mystères curieux que nos artifices enveloppent. La coquetterie est le fond de notre humeur ; c'est par cet endroit qu'il faut nous regarder pour nous connaître, tout le reste est emprunté. Nous n'avons de bien naturel que le désir de plaire.

ISABELLE

Vous ne vouliez pas me croire, Octave ; vous voyez que tout le monde vous le dit.

OCTAVE

Hé, ces règles générales ont leurs exceptions, Madame ; vous n'êtes pas faite comme une autre.

ARLEQUIN

Vous nous faites perdre une suite de vérités qui allait nous instruire. Colombine, reprenez votre fil, et faites-nous un petit tissu du caractère des femmes de Paris.

LE COMTE

Parle ferme, cela le rebutera.

COLOMBINE

La chose n'est pas aussi difficile que l'on pense. Voulez-vous bien connaître une femme ? Figurez-vous un joli petit monstre qui charme les yeux et qui choque la raison ; qui plaît et qui rebute, qui est ange au dehors et harpie au dedans. Mettez ensemble la tête d'une linotte, la langue d'un serpent, les yeux d'un basilic, l'humeur d'un chat, l'adresse d'un singe, les inclinations nocturnes d'un hibou, le brillant du soleil et l'inégalité de la lune, enveloppez le tout d'une peau bien blanche, ajoutez-y des bras, des jambes, *et cetera* : vous aurez une femme toute complète.

Le cœur vous en dit-il, Seigneur Octave ?

ARLEQUIN

Assurément, il faut avoir le cœur au ventre, quand on prend une femme pour toujours.

Arlequin défenseur du beau sexe,
Claude-Ignace Brugière de Barante

Si vous mettez la main au-devant d'une fillette, elle la repoussera vite, et dira : « Laissez cela. » Quand je dis le devant, je l'entends comme faisait monsieur le feu premier médecin, qui ayant tâtonné l'estomac d'une belle demoiselle couchée et un peu malade, coule sa main plus bas, et, venant à l'intersection du corps, s'y avançait, quand elle lui dit : « Hé ! monsieur, que pensez-vous faire ? – Mademoiselle, je croyais que vous fussiez comme les vaches de notre pays ; que vous eussiez les tétins entre les jambes. »

Le Moyen de parvenir,
Béroalde de Verville

R.B. del. N. Bonnart, rue S.t Jacques a l'aigle avec privil.

Comment donc peuvent-elles s'exempter de blâme en montrant leurs bras, leur sein et leurs épaules, puis qu'elles ne peuvent ignorer que ces nudités sont beaucoup plus puissantes que les paroles, pour exciter les mouvements de la concupiscence ?

De l'abus des nudités de gorge,
abbé Boileau

L'épouse que tu prends, sans tache en sa conduite,
Aux vertus, m'a-t-on dit, dans Port-Royal
[instruite,
Aux lois de son devoir règle tous ses désirs.
Mais qui peut t'assurer qu'invincible aux plaisirs,
Chez toi, dans une vie ouverte à la licence,
Elle conservera sa première innocence ?
Par toi-même bientôt conduite à l'opéra,
De quel air penses-tu que ta sainte verra
D'un spectacle enchanteur la pompe harmonieuse,
Ces danses, ces héros à voix luxurieuse ;
Entendra ces discours sur l'amour seul roulants,
Ces doucereux Renaud, ces insensés Roland,
Saura d'eux qu'à l'Amour, comme au seul
[Dieu suprême,
On doit immoler tout, jusqu'à la vertu même ;
Qu'on ne saurait trop tôt se laisser enflammer ;
Qu'on n'a reçu du ciel un cœur que pour aimer ;
Et tous ces lieux communs de morale lubrique,
Que Lully réchauffa des sons de sa musique ?
Mais de quels mouvements, dans son cœur excités,
Sentira-t-elle alors tous ses sens agités ?
Je ne te réponds pas qu'au retour, moins timide,

Digne écolière enfin d'Angélique et d'Armide,
Elle n'aille à l'instant, pleine de ces doux sons,
Avec quelque Médor pratiquer ces leçons.

Satire X, Contre les femmes,
Nicolas Boileau

En prenant un mari, on prend un maître.

Clélie, Madeleine de Scudéry

Une femme se défait d'un galant quand elle veut ; mais il faut qu'elle garde un mari tant qu'il dure.

Le chevalier de Méré

Théramène était riche et avait du mérite ; il a hérité, il est donc très riche et d'un très grand mérite. Voilà toutes les femmes en campagne pour l'avoir pour galant, et toutes les filles pour épouseur. Il va de maisons en maisons faire espérer aux mères qu'il épousera. Est-il assis, elles se retirent, pour laisser à leurs filles toute la liberté d'être aimables, et à Théramène de faire ses déclarations. Il tient ici contre le mortier ; là il efface le cavalier ou le gentilhomme. Un jeune homme fleuri, vif, enjoué, spirituel n'est pas souhaité plus ardemment ni mieux reçu ; on se l'arrache des mains, on a à peine le loisir de sourire à qui se trouve avec lui dans une même visite. Combien de galants va-t-il mettre en déroute ! Quels bons partis ne fera-t-il point manquer ? Pourra-t-il suffire à tant d'héritières qui le recherchent ? Ce n'est pas seulement la terreur des maris, c'est l'épouvantail de tous ceux qui ont envie de l'être, et qui attendent d'un mariage à remplir le vide de leur consignation. On devrait proscrire de tels personnages si heureux, si pécunieux, d'une ville bien policée, ou condamner le sexe, sous peine de folie ou d'indignité, à ne les traiter pas mieux que s'ils n'avaient que du mérite.

Les Caractères, Jean de La Bruyère

Il semble qu'aujourd'hui un mari se fait une ridicule honte d'aimer sa femme et que la tendresse conjugale soit une pratique bourgeoise.

***

Mettre le fer entre les mains d'un mari pour venger son propre honneur, ce n'est pas violer les lois, c'est les observer.

Saint-Évremond

Entre nous, verras-tu d'un esprit bien tranquille,
Chez ta femme aborder et la cour et la ville ?
Hormis toi, tout chez toi rencontre un doux accueil.
L'un est payé d'un mot, et l'autre d'un coup d'œil.
Ce n'est que pour toi seul qu'elle est fière et chagrine ;
Aux autres elle est douce, agréable, badine :
C'est pour eux qu'elle étale et l'or et le brocard ;
Que chez toi se prodigue et le rouge et le fard ;
Et qu'une main savante, avec tant d'artifice,
Bâtit de ses cheveux le galant édifice.
Dans sa chambre, crois-moi, n'entre point tout le jour,
Si tu veux posséder ta Lucrèce à ton tour.
Attends, discret mari, que la belle en cornette
Le soir ait étalé son teint sur la toilette,
Et dans quatre mouchoirs de sa beauté salis,
Envoie au blanchisseur ses roses et ses lis.
Alors tu peux entrer ; mais, sage en sa présence,
Ne va pas murmurer de sa folle dépense.
D'abord, l'argent en main, paye et vite et comptant.
Mais non : fais mine un peu d'en être mécontent,
Pour la voir aussitôt, de douleur oppressée,
Déplorer sa vertu si mal récompensée.
Un mari ne veut pas fournir à ses besoins ;

Jamais femme, après tout, a-t-elle coûté moins ?
À cinq cents louis d'or tout au plus chaque année,
Sa dépense en habits n'est-elle pas bornée ?
Que répondre ? Je vois qu'à de si justes cris,
Toi-même convaincu, déjà tu t'attendris ;
Tout prêt à la laisser, pourvu qu'elle s'apaise,
Dans ton coffre en pleins sacs puiser tout à son aise.

Satire X, Contre les femmes,
Nicolas Boileau

Le meilleur mari du monde n'est bon qu'à noyer.

Dictionnaire de Richelet

ARLEQUIN

Mais vous êtes à Paris, vous aimez une Française, et on ne voit sur vous ni pierreries ni bijoux.

OCTAVE

Hé, c'est qu'en Italie nous avons de toutes ces choses-là dans nos coffres.

ARLEQUIN

Fort bien ; mais chaque pays a ses coutumes. Les dames de France aiment que leurs amants portent tout sur eux. Vous ne savez pas l'art d'aimer à la française.

OCTAVE

Ah ! tu ne connais pas Isabelle.

ARLEQUIN

[...] Avez-vous de l'Eau de la Reine d'Hongrie, et du tabac ?

OCTAVE

Du tabac ? Isabelle n'en prend pas, quoique la plupart des femmes en prennent.

ARLEQUIN

Mon Dieu, si elle n'en prend pas, elle en peut prendre. Les filles sont de petits animaux qui veulent dans un temps ce qu'elles ne veulent pas dans un autre ; et il faut être toujours en état de leur donner ce qu'elles veulent.

OCTAVE

Hé bien, ayons de l'Eau de la Reine d'Hongrie.

ARLEQUIN

Hé oui, mais attendez... En vérité vous êtes trop novice dans l'art d'aimer à la française.

OCTAVE

Comment ?

Arlequin

Hé, vous ne vous servez pas de pincettes ?

Octave

Hé fi ! est-ce que les dames de Paris aiment un air efféminé ?

Arlequin

Hé mon Dieu, non ; elles aiment ce qu'elles aiment. Mais... vous me feriez enrager ! À quoi songez-vous d'être habillé de cette propreté, et d'avoir d'aussi beau linge ?

Octave

Les dames ne méprisent pas en nous la propreté.

Arlequin

Ah, vous n'y êtes pas ! Les dames de Paris aiment les airs galopins, et elles s'habillent déjà un peu à la galopine ou à la gourgandine, c'est tout un. Elles aiment les airs débraillés et la parure négligée. Enfin les hommes de qualité laissent la propreté à leurs valets de chambre, et pour eux, avec un gros surtout, ils portent de jour leur linge de nuit. Le linge de nuit dit quelque chose. Les femmes ne sont pas bêtes, au moins.

OCTAVE

Isabelle n'entre pas dans toutes ces réflexions. Ton art d'aimer n'est pas fait pour elle.

ARLEQUIN

Bon ! elle va bien vous dire tout ce qu'elle pense ! Mais sans tourner autour du pot, savez-vous à quoi se réduit tout l'art d'aimer en France ? Ma foi, c'est à l'art de donner.

Arlequin défenseur du beau sexe,
Claude-Ignace Brugière de Barante

Un beau sein nu et des épaules nues parlent continuellement à notre cœur en frappant nos yeux, et leur langage tout muet qu'il est, est d'autant plus dangereux qu'il n'est entendu que de l'esprit, et que l'esprit se plaît à l'entendre.

De l'abus des nudités de gorge,
abbé Boileau

Qui donne à sa fille un mari qu'elle hait
Est responsable au ciel des fautes qu'elle fait.

Tartuffe, Molière

Que la vengeance est douce à l'esprit d'une femme !

Cinna, Pierre Corneille

Certaine fille un peu trop fière
Prétendait trouver un mari
Jeune, bien fait et beau, d'agréable manière.
Point froid et point jaloux ; notez ces deux points-ci.
Cette fille voulait aussi
Qu'il eût du bien, de la naissance,
De l'esprit, enfin tout. Mais qui peut tout avoir ?
Le destin se montra soigneux de la pourvoir :
Il vint des partis d'importance.
La belle les trouva trop chétifs de moitié.
« Quoi moi ? Quoi ces gens-là ? L'on radote, je pense.
À moi les proposer ! hélas ils font pitié.
Voyez un peu la belle espèce ! »
L'un n'avait en l'esprit nulle délicatesse ;
L'autre avait le nez fait de cette façon-là ;
C'était ceci, c'était cela,
C'était tout ; car les précieuses
Font dessus tout les dédaigneuses.
Après les bons partis, les médiocres gens
Vinrent se mettre sur les rangs.
Elle de se moquer. « Ah vraiment je suis bonne
De leur ouvrir la porte : ils pensent que je suis
Fort en peine de ma personne.

Grâce à Dieu, je passe les nuits
Sans chagrin, quoique en solitude. »
La belle se sut gré de tous ces sentiments.
L'âge la fit déchoir : adieu tous les amants.
Un an se passe et deux avec inquiétude.
Le chagrin vient ensuite : elle sent chaque jour
Déloger quelques Ris, quelques Jeux, puis l'Amour ;
Puis ses traits choquer et déplaire ;
Puis cent sortes de fards. Ses soins ne purent faire
Qu'elle échappât au temps, cet insigne larron :
Les ruines d'une maison
Se peuvent réparer ; que n'est cet avantage
Pour les ruines du visage !
Sa préciosité changea lors de langage.
Son miroir lui disait : Prenez vite un mari.
Je ne sais quel désir le lui disait aussi ;
Le désir peut loger chez une précieuse.
Celle-ci fit un choix qu'on n'aurait jamais cru,
Se trouvant à la fin tout aise et tout heureuse
De rencontrer un malotru.

Le Héron, la Fille,
Jean de La Fontaine

De toutes les passions violentes, celle qui sied le moins mal aux femmes, c'est l'amour.

⁂

Dans les premières passions les femmes aiment l'amant, et dans les autres elles aiment l'amour.

Maximes, La Rochefoucauld

FEMME

Créature raisonnable faite de la main de Dieu pour tenir compagnie à l'homme.

Dictionnaire de Richelet

ISABELLE

Mais, Octave, songez-vous ce que c'est à Paris que de prendre une jeune femme ? Je ne me trouve nulle disposition à vous en faire repentir : mais je suis un enfant ; je changerai peut-être. Tant d'exemples m'étonnent, et devraient vous étonner.

OCTAVE

Hé, Madame, ces exemples ne prouvent rien. Mille femmes décriées auraient eu une conduite plus régulière si leurs maris avaient été moins débauchés. Aminthe ne se serait jamais brouillée avec son mari, s'il ne lui avait volé ses pierreries, pour les donner à sa femme de chambre. Célise ne se serait jamais séparée du sien, s'il n'avait pas eu en ville une maison postiche où l'on ne faisait que des cadeaux, lors que sa femme trouvait à peine de quoi vivre dans sa maison. Orphise n'aurait jamais fait d'éclat, si son mari n'était pas une bête brute qui se ruine pour des grisettes qui se moquent de lui. Tout le reste est de même. Les femmes ont l'âme bonne, et quand elles manquent c'est toujours la faute des maris.

ISABELLE

Ce ne sont pas ces grosses fautes que je craindrais : mais, Octave, il faut l'avouer, j'ai des défauts que vous ne démêlez pas.

OCTAVE

Vous, belle Isabelle ? Et quels défauts pouvez-vous avoir ?

ISABELLE

Tenez, par exemple, vous me croyez de la plus belle humeur du monde ; et cependant je suis triste et rêveuse de mon naturel, toute sorte de compagnie ne me plaît pas, et je m'amuserai à cent babioles plutôt que de parler à gens qui ne disent rien.

OCTAVE

Mais, voila un défaut que l'on appellerait une perfection !

Isabelle

Hé point. Dans ces rencontres-là, & cela se rencontre à toute heure, je me sens l'esprit ennuyé, et la raison fatiguée...

Octave

Mais par bonheur, cela n'arrive pas quand nous sommes ensemble.

Isabelle

Hé, c'est cela même. Quand vous serez mon mari, je voudrais être souvent avec vous, et ce n'est pas la mode que les maris soient avec leurs femmes.

Octave

Des maris comme moi ne quittent guère des femmes comme vous.

Arlequin défenseur du beau sexe,
Claude-Ignace Brugière de Barante

Une femme d'esprit peut trahir son devoir
Mais il faut pour le moins qu'elle ose le
[vouloir,
Et la stupide au sien peut manquer d'ordinaire
Sans en avoir envie et sans penser le faire.

L'École des femmes, Molière

JEAN BAPT. POQUELIN
DE MOLIERE

Bien loin de s'effrayer ou de rougir même du nom de philosophe, il n'y a personne au monde qui ne dût avoir une forte teinture de philosophie. Elle convient à tout le monde ; la pratique en est utile à tous les âges, à tous les sexes et à toutes les conditions ; elle nous console du bonheur d'autrui, des indignes préférences, des mauvais succès, du déclin de nos forces ou de notre beauté ; elle nous arme contre la pauvreté, la vieillesse, la maladie et la mort, contre les sots et les mauvais railleurs ; elle nous fait vivre sans une femme, ou nous fait supporter celle avec qui nous vivons.

Les Caractères, Jean de La Bruyère

Les discours d'une femme s'ils choquent la pureté, nous choquent malgré nous, et nous donnent un dégoût secret et une espèce d'aversion et de mépris pour celle qui les prononce.

De l'abus des nudités de gorge,
abbé Boileau

Le mariage, Agnès, n'est point un badinage ;
À d'austères devoirs le rang de femme engage.

L'École des femmes, Molière

Les meilleurs mariages sont ceux où l'on souffre tour à tour, l'un de l'autre, avec douceur et avec patience.

Correspondance,
Madame de Maintenon

On peut trouver encor quelque femme fidèle.
Sans doute ; et dans Paris, si je sais bien compter,
Il en est jusqu'à trois que je pourrais citer.
Ton épouse dans peu sera la quatrième,
Je le veux croire ainsi ; mais la chasteté même,
Sous ce beau nom d'épouse entrât-elle chez toi,
Du retour d'un voyage, en arrivant, crois-moi,
Fais toujours du logis avertir la maîtresse.

Satire X, Contre les femmes,
Nicolas Boileau

Les femmes qui aiment pardonnent plus aisément les grandes indiscrétions que les petites infidélités.

Maximes, La Rochefoucauld

Qu'un homme soit plumé par des coquettes,
Ce n'est pour faire au miracle crier.
Gratis est mort : plus d'amour sans payer :
En beaux louis se content les fleurettes.

Contes et nouvelles en vers,
Jean de La Fontaine

J'ai vu souhaiter d'être fille, et une belle fille, depuis treize ans jusques à vingt-deux, et après cet âge, de devenir un homme.

***

Il faut juger des femmes depuis la chaussure jusqu'à la coiffure exclusivement, à peu près comme on mesure le poisson entre queue et tête.

Les Caractères, Jean de La Bruyère

ERGASTE

Apprenez, pour avoir votre esprit affermi,
Qu'une femme qu'on garde est gagnée à demi,
Et que les noirs chagrins des maris ou des pères
Ont toujours du galant avancé les affaires.
Je coquette fort peu, c'est mon moindre talent,
Et de profession je ne suis point galant :
Mais j'en ai servi vingt de ces chercheurs de proie,
Qui disaient fort souvent que leur plus grande joie
Était de rencontrer de ces maris fâcheux,
Qui jamais sans gronder ne reviennent chez eux ;
De ces brutaux fieffés, qui, sans raison ni suite,
De leurs femmes en tout contrôlent la conduite,
Et, du nom de mari fièrement se parants,
Leur rompent en visière aux yeux des soupirants.
On en sait, disent-ils, prendre ses avantages ;
Et l'aigreur de la dame à ces sortes d'outrages,
Dont la plaint doucement le complaisant témoin,

Est un champ à pousser les choses assez loin ;
En un mot, ce vous est une attente assez belle
Que la sévérité du tuteur d'Isabelle.

L'École des maris, Molière

Divers proverbes

Femme qui gagne, et poule qui pond,
ce n'est que du bruit à la maison.

***

Bonne femme, méchante bête ;
bonne mule, méchante tête.

***

De femme et de fromage,
qui en prend le moins, est le plus sage.

***

Qui femme et âne mène,
ne va pas sans peine.

***

Femme de Dieu, tête du diable.

***

Ce que femme veut, Dieu le veut.

Une femme n'est commode que dans la maladie et la mauvaise fortune ; ses soins dans l'une empêchent souvent de mourir, et ses consolations dans l'autre empêchent de se désespérer.

Furetieriana ou Les bons mots et les remarques de M. Furetière

Nous voyons par expérience que les plus faibles animaux, comme fourmis, chats, et passereaux, et même les enfants, et les malades sont toujours plus colères, et impatients que les plus forts, car les naturalistes remarquent que le lion est si clément, et si doux qu'il ne fait rien aux femmes et aux petits enfants, s'il n'a une faim extrême, quoiqu'il soit le Roi en force et courage de toutes les bêtes sauvages. C'est à mon avis les raisons pourquoi la femme est si perfide et déloyale, car la colère enivrant son esprit, et le transportant hors de soi-même, l'infidélité s'empare fort facilement de son âme, et ne se soucie pas beaucoup de violer toutes les promesses quoiqu'elles les aient toutes confirmées par mille protestations.

Alphabet de l'imperfection et malice des femmes, Jacques Olivier

ISABELLE

Et qui sont les hommes, ma pauvre Colombine, qui voudraient se marier, après tous les maux qu'on dit des femmes ?

COLOMBINE

Hé, que vous êtes folle ! Les hommes qui nous veulent le plus de mal, sont ceux qui nous aiment davantage.

ISABELLE

Ah ! tu n'as donc pas vu les satires qui courent ?

COLOMBINE

Non, ni je ne m'en soucie guère. Plaisante autorité que celle des auteurs ! De quoi est-ce que cela décide ? On se règle bien sur leurs quolibets !

ISABELLE

Ah, Colombine, ce sont des traits qui portent et qui demeurent.

COLOMBINE

Hé bon bon, autant en emporte le vent. Est-ce que ces gens-là connaissent les femmes pour en parler ?

ISABELLE

Ah ! ils nous regardent par les mauvais endroits.

COLOMBINE

Je le crois bien. On prend soin de leur cacher les autres.

ISABELLE

Tu as beau dire, nous nous retrouvons dans les peintures qu'on fait de nous.

COLOMBINE

Je ne suis pas de votre avis ; je ne crois pas qu'on puisse faire de nous un portrait qui ressemble. Chaque femme est un Protée, qui change de figure et de caractère comme il lui plaît. Dissimulée dans ses pensées, ingénieuse dans les passions, politique dans ses vues, friponne dans ses discours, coquette dans ses manières, affectée dans ses airs, fausse dans ses vertus, intéressée dans ses libéralités, hypocrite dans ses épargnes ; toujours rusée, toujours équivoque, et toujours une contrevérité ; du plus au moins voilà comme nous sommes faites.

ISABELLE

C'est cela même Colombine ; et comment crois-tu qu'un homme d'esprit puisse se résoudre en se mariant d'épouser tant de défauts à la fois ?

COLOMBINE

Hé, Madame, les hommes le voient et le savent ; ils regardent les femmes comme d'étranges animaux [...]

ISABELLE

Cela est bon pour le discours. Colombine, les hommes ne sont plus bêtes.

COLOMBINE

Tout ce qu'il vous plaira ; mais ils ne sauraient se passer de nous, ils y reviennent toujours.

Arlequin défenseur du beau sexe,
Claude-Ignace Brugière de Barante

Bienheureux es-tu, lecteur, si tu n'es point de ce sexe, qu'on interdit de tous les biens, l'interdisant de la liberté : oui, qu'on interdit encore à peu près, de toutes les vertus, lui soustrayant le pouvoir, en la modération duquel la plupart d'elles se forment ; afin de lui constituer pour seule félicité, pour vertus souveraines et seules, ignorer, faire le sot et servir.

Grief des femmes, Marie de Gournay

Ce n'est pas seulement dans les maisons particulières, dans les bals, dans les ruelles, dans les promenades, que les femmes y paraissent la gorge nue, il y en a qui par une témérité effroyable viennent insulter Jésus-Christ jusqu'au pied des autels, et comme si le démon se voulait servir d'elles non seulement pour profaner la sainteté des églises, mais pour en violer l'immunité ; elles y viennent blesser les yeux des plus innocents et des plus justes, et donner la mort à ceux qui sont encore faibles et chancelants dans la vertu. Les hommes se retirent dans les temples comme dans des asiles où Satan n'ose presque les attaquer, et où bien souvent il ne peut les vaincre ; mais ce qu'il ne peut faire par lui-même, il le fait par les femmes qu'il y conduit et qui, par la nudité honteuse de leur gorge, de leurs bras, de leurs épaules, attaquent, blessent et vainquent ceux qui croient être en sûreté, et font ainsi triompher le démon dans les lieux mêmes destinés au triomphe de Jésus-Christ.

De l'abus des nudités de gorge, abbé Boileau

Mais c'est encore quelque chose d'assez mal à propos, à ce qu'on dit, que la satire d'Eugène contre les femmes. Il la commence en s'écrian : « Je ne pensais pas qu'une femme pût être Bel Esprit. » Et d'où vient donc cet honnête homme qui ne connaît point tant d'illustres femmes qui ont paru dans tous les siècles ? [...] Comment est-il devenu tout d'un coup si peu civil et si injurieux ? Car il appelle toutes les femmes « faibles, légères, indiscrètes, timides, impatientes, babillardes, et en un mot, dit-il, il n'est rien de plus mince ni de si borné que l'esprit d'une femme ».

On peut dire seulement, que ces discours généraux, tantôt contre des nations entières, tantôt contre la moitié du monde, sont toujours injurieux à un très grand nombre de personnes à qui ils ne conviennent point. Mais surtout ces disputes publiques, d'un sexe avec l'autre, ne sauraient jamais être raisonnables, parce que chacun s'y fait juge, dans une cause où il est partie.

Ces hommes qui se vantent le plus des avantages de leur sexe ne sont pas ordinairement ceux qui en font l'honneur, ni qui le rendent préférable à l'autre : et en un mot, quelque différence que l'on s'imagine ici et quelque objection que l'on fasse, il n'y a rien au monde qui ressemble mieux à un homme qu'une femme.

Sentiments de Cléante sur les entretiens d'Ariste et d'Eugène,
Jean Barbier d'Aucour

Les hommes ont beau faire, reprit-il en souriant, les filles sont souvent comme des pièces de drap, on les croit entières et souvent on en a prélevé bien des échantillons.

Le Livre sans nom, Charles Cotolendi

Platon remerciait Dieu de trois choses, de ce qu'il était grec de nation, et non barbare, et de ce qu'il l'avait fait naître homme et non bête, et de ce qu'il était homme et non femme. Ce sont à la vérité trois choses qui n'entrent en partage avec les biens désirables de la prudence et sagesse humaine, de l'appétit naturel d'une âme immortelle, et d'un brave courage à raison des imperfections qui rendent contemptibles et méprisables : je laisse les deux premières, pour dire que la troisième est un sexe si fragile et si muable, que comme dit un certain personnage, il semble que la nature l'ait seulement forgé pour la perpétuité de l'espèce humaine, et plus pour le plaisir de l'homme que pour la perfection individuelle du sexe féminin.

Alphabet de l'imperfection et malice des femmes, Jacques Olivier

Les coquettes se font honneur d'être jalouses de leurs amants, pour cacher qu'elles sont envieuses des autres femmes.

Maximes, La Rochefoucauld

Approbation de Monsieur d'Arnaudin, docteur de Sorbonne et curé de Saint-Martin à Saint-Denis en France

Après avoir lu exactement ce *Traité contre le luxe des coiffures*, je crois que renfermant la doctrine de l'Église catholique, apostolique et romaine, il mérite d'être rendu public, afin que les fidèles en tirent toute l'utilité et le fruit que l'auteur s'est proposé en le composant. Les femmes mondaines idolâtres de leur beauté y verront dans tout leur jour le luxe et la vanité de leurs coiffures, dont la hauteur ridicule semble vouloir donner un démenti au Fils de Dieu, qui assure dans l'Évangile, « que personne avec tous ses soins ne pourra ajouter à sa taille la hauteur d'une coudée ». Et faisant réflexion que Jésus-Christ, leur chef, a été couronné d'épines, que sa tête adorable a été toute ensanglantée pour leurs péchés, elles seront contraintes d'avouer que le voile est l'ornement des femmes chastes et pures, que la pénitence leur doit faire couvrir de cendre leur tête comme d'une parure qui seule convient à des pécheresses et qu'on ne doit apercevoir sur le visage des femmes chrétiennes que le blanc de l'innocence et le rouge de la pudeur.

Donné à Saint-Denis en France ce 18 mars 1694.

D'ARNAUDIN

Traité contre le luxe des coiffures,
abbé de Vassets

– Combien y a-t-il bien de cocus dans cette rue-ci, sans te compter ? disait il n'y a pas longtemps un artisan à un savetier son cousin.
– Comment sans me compter ? répondit ce dernier, je vous trouve plaisant !
– Eh bien, repartit l'artisan, si cela ne te plaît pas de cette manière, en te comptant donc, combien y en comptes-tu ?

Furetieriana ou Les bons mots et les remarques de M. Furetière

Il n'y a point de fille ni de femme qui ne sache que la nudité d'Ève fut une suite et fine marque de son crime ; elle se vit nue parce qu'elle avait péché, et elle connut qu'elle avait péché quand elle se vit nue.

De l'abus des nudités de gorge,
abbé Boileau

Pallas se trouve seule entre toutes les Déesses, à qui les Anciens n'ont point donné de mère, pour dire que la Sagesse ne peut pas venir de la femme, et qu'il faut attribuer à un miracle ce qu'elle a quelquefois de bon raisonnement.

Petits Traités,
François La Mothe Le Voyer

À UNE MAÎTRESSE INCONNUE

Il n'y eut jamais une inclination si extraordinaire que celle que j'ai pour vous. Je ne sais du tout qui vous êtes ; et de ma vie, que je sache, je ne vous ai seulement ouï nommer. Cependant je vous assure que je vous aime ; et qu'il y a déjà un jour que vous me faites souffrir...

Je m'imagine en vous je ne sais quoi, qui me fait aimer passionnément je ne sais qui. Quelquefois je me figure que vous êtes blonde ; et d'autres fois que vous êtes brune ; tantôt grande, tantôt petite... Sous toutes ces formes où je vous mets, vous me paraissez toujours la plus aimable chose du monde...

Afin que vous ne soyez pas trompée, et qu'en cas que vous m'imaginiez un grand homme blond, vous ne soyez pas surprise en me voyant, je veux vous dire à peu près comme je suis. Ma taille est de deux ou trois doigts au-dessous de la médiocre. J'ai la taille assez belle, avec beaucoup de cheveux gris ; les yeux doux, mais un peu égarés, et le visage assez niais. En récompense, une de vos amies vous dira que je suis le meilleur garçon du monde ; et que, pour aimer en cinq ou six lieux à la fois, il n'y a personne qui le fasse aussi fidèlement que moi.

Si vous pouvez vous accommoder de tout cela, je vous l'offrirai à la première vue. En attendant je penserai à vous, sans savoir à qui je pense ; et quand on me demandera pour qui je soupire, n'ayez peur que je le déclare, et soyez assurée que je ne dirai jamais rien.

Vincent Voiture

La plupart des honnêtes femmes sont des trésors cachés, qui ne sont en sûreté que parce qu'on ne les cherche pas.

***

Il y a peu d'honnêtes femmes qui ne soient lasses de leur métier.

Maximes, La Rochefoucauld

Je dis que la concupiscence et la convoitise des femmes est si grande en ce siècle déplorable, que si l'on mettait en gage les rubis, les perles, les diamants, les perruques, les chaînes d'or, les bracelets, les velours, les satins, les cotillons, les atours et plumes qu'elles portent pour ornement de leur vanité, l'on verrait sortir des patrimoines tout entier, des maisons toutes meublées, et des chambres toutes garnies, tant il est vrai qu'elles sont acharnées après les impures voluptés et les autres biens de fortune.

Alphabet de l'imperfection et malice des femmes, Jacques Olivier

HENRIETTE
Et qu'est-ce qu'à mon âge on a de mieux à faire
Que d'attacher à soi, par le titre d'époux,
Un homme qui vous aime, et soit aimé de vous !

Les Femmes savantes, Molière

Les femmes devraient savoir que leur corps à demi-nu n'attire pas moins sur elles les démons que les yeux des hommes ; et comme il y a d'ordinaire plusieurs hommes qui regardent leurs seins, leurs épaules, et leurs bras nus, qu'il y a aussi plusieurs démons sur chacune de ces parties dont ils prennent possession, et dont, pour ainsi parler, ils font leur retraite et leur fort. Peut-être qu'étant convaincues qu'elles sont environnées, assiégées et couvertes de plusieurs de ces monstres à mesure qu'elles paraissent en public plus ou moins nues, peut-être, dis-je, que cette idée leur ferait avoir une juste crainte, et une sainte horreur de leur nudité.

De l'abus des nudités de gorge,
abbé Boileau

Les femmes s'attachent aux hommes par les faveurs qu'elles leur accordent : les hommes guérissent par ces mêmes faveurs.

Les Caractères, Jean de La Bruyère

Faut-il donc s'étonner si des hommes perdus,
Jugeant du sexe entier par celles qu'ils ont vues,
Assurent qu'il n'est plus que des femmes perdues !
Pour six qui, sans cervelle avec un peu d'appas,
Feront de tous côtés du bruit et du fracas,
Par leur danse, leur jeu, leurs folles mascarades,
Leurs cadeaux indiscrets, leurs sombres promenades,
Sans peine on trouvera mille femmes de bien,
Qui vivent en repos, et dont on ne dit rien.

À toute heure, en tous lieux, la coquette se montre ;
Il n'est point de plaisirs où l'on ne la rencontre :
Allez au cours, au bal, allez à l'Opéra,
À la foire, il est sûr qu'elle s'y trouvera.
Il semble, à regarder l'essor de sa folie,
Que pour être partout elle se multiplie.
Pour des femmes d'honneur, dans ces lieux [hasardeux,
De cent que l'on connaît, on n'en verra pas deux.

Apologie des femmes, Charles Perrault

Plusieurs prennent plaisir à attribuer aux femmes ce qu'ils éprouvent et ressentent peut-être eux-mêmes comme si leurs paroles avaient le pouvoir de les rendre innocents en rendant coupables les personnes du Sexe. Ce qu'il arrive ordinairement de tous ces discours, c'est que les uns demeurent avec leurs faiblesses, tandis que les autres persévèrent à être fortes et constantes dans leurs souffrances et leurs persécutions.

Petit Traité de la faiblesse, de la légèreté et de l'inconstance qu'on attribue aux femmes mal à propos,
Gabrielle Suchon

Du Croisy

Que dites-vous de notre visite ? En êtes-vous fort satisfait ?

La Grange

À votre avis, avons-nous sujet de l'être tous deux ?

Du Croisy

Pas tout à fait, à dire vrai.

La Grange

Pour moi, je vous avoue que j'en suis tout scandalisé. A-t-on jamais vu, dites-moi, deux pecques provinciales faire plus les renchéries que celles-là, et deux hommes traités avec plus de mépris que nous ? À peine ont-elles pu se résoudre à nous faire donner des sièges. Je n'ai jamais vu tant parler à l'oreille qu'elles ont fait entre elles, tant bâiller, tant se frotter les yeux, et demander tant de fois : « Quelle heure est-il ? » Ont-elles répondu que oui et non à tout ce que nous avons pu leur dire ? Et ne m'avouerez-vous pas enfin que, quand nous aurions été les dernières personnes du monde, on ne pouvait nous faire pis qu'elles ont fait ?

Du Croisy

Il me semble que vous prenez la chose fort à cœur.

La Grange

Sans doute, je l'y prends, et de telle façon, que je veux me venger de cette impertinence. Je connais ce qui nous a fait mépriser. L'air précieux n'a pas seulement infecté Paris, il s'est aussi répandu dans les provinces, et nos donzelles ridicules en ont humé leur bonne part. En un mot, c'est un ambigu de précieuse et de coquette que leur personne. Je vois ce qu'il faut être pour en être bien reçu ; et si vous m'en croyez, nous leur jouerons tous deux une pièce qui leur fera voir leur sottise, et pourra leur apprendre à connaître un peu mieux leur monde.

Les Précieuses ridicules, Molière

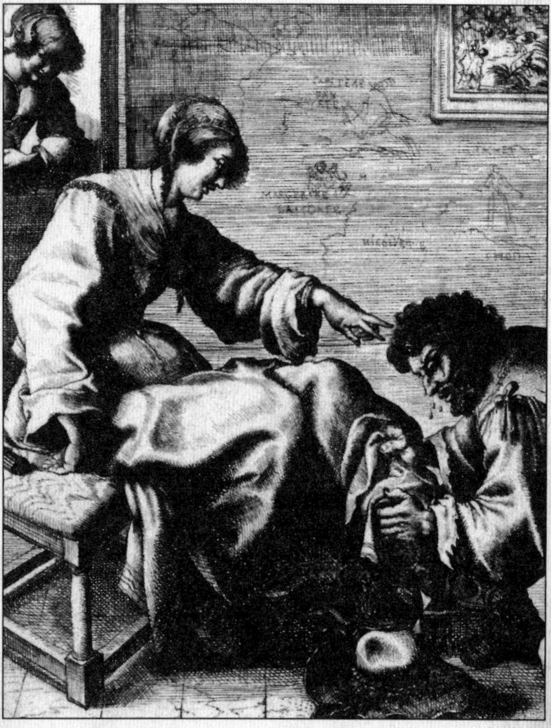

Si les Chinois ont inventé la mode que les femmes aient le pied petit, afin que les mères serrant tellement le pied des jeunes filles, elles en soient incommodées, de manière qu'elles ne puissent sortir sans quelqu'un qui les soutienne, pourquoi n'imitons pas les Chinois en cela, comme en bien d'autres choses ? Rien ne serait plus utile pour les maris jaloux.

Furetieriana ou Les bons mots et les remarques de M. Furetière

Au surplus l'animal humain n'est homme ni femme, à le bien prendre, les sexes étant faits pour la seule propagation. L'unique forme et différence de cet animal, ne consiste qu'en l'âme humaine. Et s'il est permis de rire en passant, le quolibet ne sera pas hors de saison, nous apprenant qu'il n'est rien plus semblable au chat sur une fenêtre, que la chatte. L'homme et la femme sont tellement uns, que si l'homme est plus que la femme, la femme est plus que l'homme. L'homme fut créé mâle et femelle, dit l'Écriture, ne comptant ces deux que pour un. Jésus-Christ est appelé fils de l'homme, bien qu'il ne le soit que de la femme.

Grief des femmes, Marie de Gournay

Il est difficile que les hommes demeurent innocents parmi des femmes superbement vêtues et à demi-nues, et que les femmes conservent toute leur pureté dans la compagnie des jeunes gens qui s'étudient à leur plaire, et qui les entretiennent librement de la violence de leur passion.

De l'abus des nudités de gorge,
abbé Boileau

Une dame ne peut jamais être prisée,
Si sa perruque n'est mignonnement frisée,
Si elle n'a son chef de poudres parfumé,
Et un millier de nœuds qui çà qui là semés,
Par quatre, cinq ou six rangs, ou bien davantage,
Comme sa chevelure a plus ou moins d'étage ;
Et qui n'a les cheveux aussi longs qu'il les faut
Elle peut aisément réparer ce défaut,
Il ne faut qu'acheter une perruque neuve.

Discours nouveau sur la mode

On tire ce bien de la perfidie des femmes, qu'elle guérit de la jalousie.

Les Caractères, Jean de La Bruyère

ARMANDE

Que vous jouez au monde un petit personnage !
De vous claquemurer aux choses du ménage,
Et de n'entrevoir point de plaisirs plus touchants
Qu'un idole d'époux et des marmots d'enfants !

Les Femmes savantes, Molière

Homme ingrat et audacieux,
Tu fais un mépris de ta mère.
N'as-tu point peur que les Cieux
Ne lâchent sur toi leur colère ?

Si ta mère fait quelque mal,
Ce qui la rend plus criminelle,
C'est d'avoir fait un animal
Qui contre elle après se rebelle.

Hippolyte est par toi chanté,
Fuyant l'amour et ses caresses :
Nous avons de notre côté
Pour lui un million de Lucrèce.

Les Dames illustres,
Jacquette Guillaume

La plupart des femmes ne pleurent pas tant la mort de leurs amants pour les avoir aimés, que pour paraître plus dignes d'être aimées.

Maximes, La Rochefoucauld

MESSIRE FRANCOIS DE LA ROCHEFOUCAULD, Prince de Marcillac, Con.er du Roy en ses Conseils, Gouuerneur pour sa Maj.té en ses Prouinces et pays du haut et bas Poictou, Chastelleraudois, et Loudunois

B. Moncornet ex. auec priuilege du Roy.

Je me plais à remplir mes sermons de portraits.
En voilà déjà trois peints d'assez heureux traits :
La femme sans honneur, la coquette et l'avare.
Il faut y joindre encor la revêche bizarre,
Qui sans cesse d'un ton par la colère aigri,
Gronde, choque, dément, contredit un mari.
Il n'est point de repos ni de paix avec elle :
Son mariage n'est qu'une longue querelle.
Laisse-t-elle un moment respirer son époux ?
Ses valets sont d'abord l'objet de son courroux ;
Et, sur le ton grondeur lorsqu'elle les harangue,
Il faut voir de quels mots elle enrichit la langue.
Ma plume ici, traçant ces mots par alphabet,
Pourrait d'un nouveau tome augmenter Richelet.
Tu crains peu d'essuyer cette étrange furie ;
En trop bon lieu, dis-tu, ton épouse nourrie,
Jamais de tels discours ne te rendra martyr :
Mais eût-elle sucé la raison dans Saint-Cyr,

Crois-tu que d'une fille humble, honnête charmante,
L'hymen n'ait jamais fait de femme extravagante ?
Combien n'a-t-on point vu de belles aux doux yeux,
Avant le mariage anges si gracieux,
Tout à coup se changeant en bourgeoises sauvages,
Vrais démons, apporter l'enfer dans leurs ménages ;
Et découvrant l'orgueil de leurs rudes esprits,
Sous leur fontange altière asservir leurs maris ?

Satire X, Contre les femmes,
Nicolas Boileau

L'expérience journalière nous fait assez connaître que les femmes ne veulent point de conseil en leurs affaires, ni d'avis pour l'atteinte de leurs entreprises, se jugeant assez capables de faire tout à leur tête et d'entendre toutes sortes d'affaires, sans autre aide que celle des sinistres opinions de leur cerveau démonté.

Alphabet de l'imperfection et malice des femmes, Jacques Olivier

Cette dame priait le prélat de donner la tonsure à un de ses enfants. L'évêque lui répondit qu'il fallait avoir son extrait baptistaire. La dame n'avait nulle envie de le produire, l'on y aurait vu son âge qui passait trente ans, déshonneur bien sensible pour elle ; car à cinquante ans qu'elle avait, elle voulait absolument passer pour n'en avoir que trente-cinq au plus.

« Ne voyez-vous pas bien à la taille, dit-elle à l'évêque, qu'il a l'âge qu'il faut ? – Mais Madame, dit le prélat, ce n'est pas assez que l'âge, il faut voir aussi s'il n'est point bâtard. »

Furetieriana ou Les bons mots et les remarques de M. Furetière

MAROTTE

Que désirez-vous, Monsieur ?

GORGIBUS

Où sont vos maîtresses ?

MAROTTE

Dans leur cabinet.

GORGIBUS

Que font-elles ?

MAROTTE

De la pommade pour les lèvres.

GORGIBUS

C’est trop pommadé. Dites-leur qu’elles descendent. Ces pendardes-là, avec leur pommade, ont, je pense, envie de me ruiner. Je ne vois partout que blancs d'œufs, lait virginal, et mille autres brimborions que je ne connais point. Elles ont usé, depuis que nous sommes ici, le lard d'une douzaine de cochons, pour le moins, et quatre valets vivraient tous les jours des pieds de mouton qu'elles emploient.

Les Précieuses ridicules, Molière

C'est trop contre un mari d'être coquette et dévote ; une femme devrait opter.

***

Il est étonnant de voir dans le cœur de certaines femmes quelque chose de plus vif et de plus fort que l'amour pour les hommes, je veux dire l'ambition et le jeu : de telles femmes rendent les hommes chastes ; elles n'ont de leur sexe que les habits.

Les Caractères, Jean de La Bruyère

Hélas il n'est que trop vrai que le monde et le démon ont leurs martyrs, et il n'est que trop évident que ces femmes sont les martyrs du démon et du monde. Ne pourrait-on pas leur dire avec le Grand Chancelier d'Angleterre, que Dieu leur ferait tort de leur refuser l'enfer, puisqu'elles prennent tant de peine pour le mériter ?

De l'abus des nudités de gorge,
abbé Boileau

Quand le premier mortel fut mis dans l'univers,
Pour commander lui seul à tant d'êtres divers,
Son œil, n'en doutons point, vit avec complaisance,
Ses richesses sans nombre, et sa vaste puissance ;
Mais, lorsque dégagé de son premier sommeil,
Le Seigneur lui montra la femme à son réveil,
La femme, sa moitié, sa compagne fidèle,
Quittant tout, il tourna tous ses regards sur elle,
Et, charmé de la voir, trouva moins de douceur
À régir l'univers, qu'à régner dans son cœur.

Apologie des femmes, Charles Perrault

On fait des reproches à un amant, mais en fait-on à un mari quand on n'a qu'à lui reprocher de n'avoir plus d'amour ?

La Princesse de Clèves,
Madame de La Fayette

ARMANDE

Loin d'être aux lois d'un homme en esclave asservie,
Mariez-vous, ma sœur, à la philosophie,
Qui nous monte au-dessus de tout le genre humain,
Et donne à la raison l'empire souverain,
Soumettant à ses lois la partie animale,
Dont l'appétit grossier aux bêtes nous ravale.

Les Femmes savantes, Molière

Il ne peut y avoir de règle dans l'esprit ni dans le cœur des femmes, si le tempérament n'en est d'accord.

Maximes, La Rochefoucauld

Le Mari confesseur

Messire Artus, sous le grand roi François,
Alla servir aux guerres d'Italie ;
Tant qu'il se vit, après maints beaux exploits,
Fait chevalier en grand' cérémonie.
Son général lui chaussa l'éperon ;
Dont il croyait que le plus haut baron
Ne lui dût plus contester le passage.
S'il s'en revint tout fier en son village
Où ne surprit sa femme en oraison.
Seule il l'avait laissée à la maison ;
Il la retrouve en bonne compagnie.
Dansant, sautant, menant joyeuse vie,
Et des muguets avec elle à foison.
Messire Artus ne prit goût à l'affaire ;
Et ruminant sur ce qu'il devait faire :
« Depuis que j'ai mon village quitté,
Si j'étais crû, dit-il, en dignité
De cocuage et de chevalerie ?
C'est moitié trop : sachons la vérité. »
Pour ce s'avise, un jour de confrérie,
De se vêtir en prêtre, et confesser.

Sa femme vient à ses pieds se placer.
De prime abord sont par la bonne dame
Expédiés tous les péchés menus ;
Puis, à leur tour les gros étant venus,
Force lui fut qu'elle changeât de gamme.
« Père, dit-elle, en mon lit sont reçus
Un gentilhomme, un chevalier, un prêtre. »
Si le mari ne se fût fait connaître,
Elle en allait enfiler beaucoup plus ;
Courte n'était, pour sûr, la kyrielle.
Son mari donc l'interrompt là-dessus,
Dont bien lui prit. « Ah ! dit-il. Infidèle !
Un prêtre même ! À qui crois-tu parler ?
– À mon mari, dit la fausse femelle,
Qui d'un tel pas se sut bien démêler.
Je vous ai vu dans ce lieu vous couler
Ce qui m'a fait douter du badinage.
C'est un grand cas qu'étant homme si sage
Vous n'ayez su l'énigme débrouiller !
On vous a fait, dites-vous, chevalier :
Auparavant vous étiez gentilhomme ;
Vous êtes prêtre avecque ces habits.
– Béni soit Dieu ! dit alors le bon homme :
Je suis un sot de l'avoir si mal pris. »

Contes et nouvelles en vers,
Jean de La Fontaine

L'on ne trouva jamais une femme constante,
Et s'il y en a une, il y en a cinquante,
Qui mille fois le jour changent volagement,
Il y a plus au vent qu'aux femmes d'assurance,
Les femmes de tout temps adorent l'inconstance,
Malheureux est celui qui aime constamment.

Alphabet de l'imperfection et malice des femmes, Jacques Olivier

Il est remarqué dans la Genèse que Dieu ayant créé l'homme ne dit rien, mais qu'ayant créé la femme, il dit : « Voilà qui est bien » pour nous apprendre que dès le moment de sa création elle fut agréable à son créateur.

Les Dames illustres,
Jacquette Guillaume

MAGDELON

Mon père, voilà ma cousine qui vous dira, aussi bien que moi, que le mariage ne doit jamais arriver qu'après les autres aventures. Il faut qu'un amant, pour être agréable, sache débiter les beaux sentiments, pousser le doux, le tendre et le passionné, et que sa recherche soit dans les formes. Premièrement, il doit voir au temple, ou à la promenade, ou dans quelque cérémonie publique, la personne dont il devient amoureux ; ou bien être conduit fatalement chez elle par un parent ou un ami, et sortir de là tout rêveur et mélancolique. Il cache un temps sa passion à l'objet aimé, et cependant lui rend plusieurs visites, où l'on ne manque jamais de mettre sur le tapis une question galante qui exerce les esprits de l'assemblée. Le jour de la déclaration arrive, qui se doit faire ordinairement dans une allée de quelque jardin, tandis que la compagnie s'est un peu éloignée ; et cette déclaration est suivie d'un prompt courroux, qui paraît à notre rougeur, et qui, pour un temps, bannit l'amant de notre présence. Ensuite il trouve moyen de nous apaiser, de nous accoutumer insensiblement au discours de sa passion, et de tirer de nous cet aveu qui fait tant de peine. Après cela viennent les aventures, les rivaux qui se jettent à la traverse d'une inclination établie, les persécutions des pères, les jalousies conçues sur de fausses apparences, les plaintes, les désespoirs, les enlèvements, et ce qui s'ensuit. Voilà comme les choses se traitent dans les belles manières et ce sont des règles dont, en bonne galanterie, on ne saurait se dispenser. Mais en venir de but en blanc à l'union conjugale, ne faire l'amour qu'en faisant le contrat du mariage, et prendre justement le roman par la queue ! Encore un coup, mon père, il ne se peut rien de plus marchand que ce procédé ; et j'ai mal au cœur de la seule vision que cela me fait.

Gorgibus

Quel diable de jargon entends-je ici ? Voici bien du haut style.

Cathos

En effet, mon oncle, ma cousine donne dans le vrai de la chose. Le moyen de bien recevoir des gens qui sont tout à fait incongrus en galanterie ? Je m'en vais gager qu'ils n'ont jamais vu la Carte de Tendre, et que Billets-Doux, Petits-Soins, Billets-Galants et Jolis-Vers sont des terres inconnues pour eux. Ne voyez-vous pas que toute leur personne marque cela, et qu'ils n'ont point cet air qui donne d'abord bonne opinion des gens ? Venir en visite amoureuse avec une jambe toute unie, un chapeau désarmé de plumes, une tête irrégulière en cheveux, et un habit qui souffre une indigence de rubans !... Mon Dieu, quels amants sont-ce là ! Quelle frugalité d'ajustement et quelle sécheresse de conversation ! On n'y dure point, on n'y tient pas. J'ai remarqué encore que leurs rabats ne sont pas de la bonne faiseuse, et qu'il s'en faut plus d'un grand demi-pied que leurs hauts-de-chausses ne soient assez larges.

GORGIBUS

Je pense qu'elles sont folles toutes deux, et je ne puis rien comprendre à ce baragouin.

Les Précieuses ridicules, Molière

Les filles et les femmes qui paraissent en public les bras, la gorge et les épaules nues sont plus blâmables que celles qui par des discours impurs et lascifs tâchent de porter les hommes au libertinage, non seulement parce qu'elles surprennent plus de personnes, dressant indifféremment des pièges à tout le monde, ce que les femmes les plus débauchées n'oseraient faire par leurs discours, mais encore parce que, pour se faire des adorateurs, elles se servent d'une adresse d'autant plus dangereuse qu'elle est plus engageante et plus propre à donner de l'amour ; à laquelle les gens sages sont exposés par le hasard, quelque précaution qu'ils prennent pour l'éviter, dont les simples ne se défient point, et à laquelle presque tous les jeunes gens se plaisent à succomber.

De l'abus des nudités de gorge,
abbé Boileau

Quoi qu'il en soit, nous voyons que toutes les nations ont convenu de ce sentiment, que les femmes devaient comme incapables être éloignées des plus importantes fonctions de la vie civile. Vous savez aussi bien que personne ce que prononcent là-dessus les lois romaines. Par celles de Moïse elles ne sont pas reçues en témoignage, à cause, dit Josèphe, de leur légèreté et témérité naturelles. Les Athéniens leur défendaient de faire aucun marché plus important que celui d'une mesure d'orge.

Petits Traités,
François La Mothe Le Voyer

Les femmes galantes ne sont pas celles qui ont le moins d'esprit. Il y en a une de par le monde, qui par extraordinaire alla un jour à la Comédie avec son mari. En sortant son amant la suivit, et comme il voulait lui ouvrir la portière du carrosse, pendant que le mari ouvrait celle de l'autre côté pour y entrer, sans pourtant qu'il eût vu que l'autre était là. Cette adroite femme pour se tirer d'un fâcheux embarras où elle allait tomber, tira fort rudement son amant par le bras lorsqu'il avait la main sur la portière pour l'ouvrir, et lui dit : « Où allez-vous Monsieur ? Ce carrosse est loué ! ». Cette présence d'esprit la tira d'affaire.

Furetieriana ou Les bons mots et les remarques de M. Furetière

Et si vous voulez connaître, ayant deux amants, lequel une femme aime mieux des deux, il faut prendre garde à la libéralité : car étant un effet d'amour, ce qu'elle reçoit de l'un, elle le donne à l'autre, qui sera son mieux aimé, quoiqu'elle fasse mine et semblant de les aimer également tous deux.

Alphabet de l'imperfection et malice des femmes, Jacques Olivier

HENRIETTE

Mon père est d’une humeur à consentir de tout,
Mais il met peu de poids à consentir de tout,
Il a reçu du Ciel certaine bonté d’âme
Qui le soumet d’abord à ce que veut sa femme ;
C’est elle qui gouverne, et d’un ton absolu
Elle dicte pour loi ce qu’elle a résolu.

Les Femmes savantes, Molière

L'esprit de la plupart des femmes sert plus à fortifier leur folie que leur raison.

***

Les femmes peuvent moins surmonter leur coquetterie que leur passion.

Maximes, La Rochefoucauld

Si saint Paul, suivant ma route des témoignages saints, défend aux femmes le ministère et leur commande le silence en l'église, il est évident que ce n'est point par aucun mépris : oui, bien seulement, de crainte qu'elles n'émeuvent les tentations, par cette démonstration si claire et publique qu'il faudrait faire en ministrant et prêchant, de ce qu'elles ont de grâce et de beauté plus que les hommes.

Grief des femmes, Marie de Gournay

Faire l'amour alors qu'il me défait,
Et tout défait, l'amour même défaire,
Le défaisant, le rendre plus parfait,
Le parfaisant, l'éprouver plus contraire.

Se délecter aux plaies qu'il me fait,
Chanter l'honneur de mon fier adversaire :
Et de cent maux endurés en effet
Ne rapporter qu'un bien imaginaire.

Cacher son mal de crainte de le voir,
Crier merci de faire son devoir,
En même temps se louer et se plaindre,

Se détester et se faire la cour,
Se mépriser et soi-même se craindre,
C'est en deux mots la défaite d'amour.

Vital d'Audiguier

Si l'amour vit d'espoir, il périt avec lui
C'est un feu qui s'éteint, faute de nourriture.

Le Cid, Pierre Corneille

Que peut-on croire de ces filles et de ces femmes qui par leurs nudités deviennent une occasion pressante de péché, qui bien loin de réprimer par leur modestie les sentiments impurs que la concupiscence peut produire à leur vue dans les cœurs des hommes, les renouvellent et les augmentent par leur immodestie, qui bien loin de s'opposer au libertinage, le favorisent en se montrant à demi-nues ?

De l'abus des nudités de gorge,
abbé Boileau

Les femmes sont extrêmes : elles sont meilleures ou pires que les hommes.

Les Caractères, Jean de La Bruyère

La gloire nous ravit par sa beauté suprême,
L'or nous rend tout-puissants et nous charme de [même,
Mais, malgré tout l'éclat dont il frappe nos yeux,
Des biens, le plus solide et le plus précieux,
Est de voir pour jamais unir sa destinée
Avec une moitié sage, douce et bien née,
Qui couronne sa dot d'une chaste pudeur,
D'une vertu sincère et d'une tendre ardeur.
À ces dons précieux, si le ciel favorable,
Se plaisant à former un chef-d'œuvre admirable,
D'une beauté parfaite a joint tous les attraits,
Le vif éclat du teint, la finesse des traits ;
Si ses beaux yeux, ornés d'une brune paupière,
Jettent, sans y penser, de longs traits de lumière ;
Si sa bouche enfantine, et d'un corail sans prix,
À tous les agréments que forme un doux souris ;
Si sa main le dispute à celles de l'Aurore,
Et si le bout des doigts est plus vermeil encore,

Faudra-t-il déplorer le sort de son époux ?
Et pourrais-tu le voir sans en être jaloux ?
Il n'est rien ici-bas de plus digne d'envie,
Ni qui mêle tant d'or au tissu d'une vie.
Les malheurs les plus grands n'ont rien d'âpre,
[d'affreux,
Quand deux cœurs bien unis les partagent entr'eux,
Et le moindre bonheur que le ciel leur envoie,
Les inonde à l'envi d'un océan de joie.

Apologie des femmes, Charles Perrault

Fille qui fait tétin paroir [paraître],
Son corps par étroite vêture,
On se peut bien apercevoir
Que son c.. demande pâture.

Procès et amples examinations sur la vie de Carême-Prenant

L'homme par ordonnance divine doit commander à la femme, et la femme lui devant obéissance, il faut croire que la nature même lui donne plus de force, plus de courage, plus de gravité, plus de bonté, plus de jugement, plus de prudence, plus de prestance et noblesse, qu'à la femme. Mais ce qui accroît encore davantage le blâme de telles misérables, et qu'avec l'appétit des biens délectables, elles sucent et consomment en peu de temps les moyens et richesses de leurs amants, sans compatir à leur future misère. Elles portent l'image du lierre, qui s'attachant à un arbre, l'embrasse si étroitement, et le suce si goulûment, que la nature ne lui pouvant plus fournir des nourritures, faut qu'il demeure sec et aride, sans suc et sans vigueur.

Alphabet de l'imperfection et malice des femmes, Jacques Olivier

Un jeune homme de Madrid se vantait de n'avoir ni larron ni putain dans sa famille, sa mère lui donnant un soufflet : « Picaro, lui dit-elle, est-ce ainsi que tu renies ton père et ta mère qui t'ont mis au monde ? » Voilà le caractère des Espagnoles.

Le Livre sans nom, Charles Cotolendi

Calpurnie fut cause qu'on interdit le barreau aux femmes, parce qu'ayant plaidé une cause qu'elle perdit, elle en fut si irritée contre les juges, qu'elle se découvrit impudemment le derrière, et le leur montra par mépris. On ordonna en même temps que jamais femme ne plaiderait.

Furetieriana ou Les bons mots et les remarques de M. Furetière

Clitandre
Je consens qu'une femme ait des clartés de tout,
Mais je ne lui veux point la passion choquante
De se rendre savante afin d'être savante.

Les Femmes savantes, Molière

LES FEMMES SAUANTES

Quand une femme a le don de se taire,
Elle a des qualités au-dessus du vulgaire.

Le Menteur, Pierre Corneille

SUR UNE COQUETTE

Une foule d'amants, que chez vous on tolère,
De vos facilités cherche à s'avantager ;
La patience même en serait en colère,
Êtes-vous un butin qu'il faille partager ?

N'avez-vous rien à craindre, et rien à ménager ?
Quoi ! tous également attendent leur salaire ;
Avez-vous résolu de me faire enrager
À force de vouloir éternellement plaire ?

Enfin, si je suis las de ce que cent rivaux
Se disputent le prix qu'on doit à mes travaux,
Vous devez l'être aussi de ce qu'on en caquette.

Votre honneur est en proie aux escrocs, aux filous ;
Et si vous excellez en l'art d'être coquette,
Je n'excelle pas moins en l'art d'être jaloux.

Isaac de Bensérade

Elles me répondront sans doute qu'elles n'ont point de mauvaise intention quand elles découvrent leur gorge, que s'il en arrive des inconvénients ils viennent de la faiblesse ou de l'incontinence des hommes.

Les hommes sont faibles, il est vrai, mais c'est pour cela même, qu'elles ne doivent pas les tenter. Les hommes sont incontinents on ne le peut nier, mais elles sont en cela d'autant plus coupables, que n'ignorant pas quelle est l'incontinence des hommes, elles les excitent à l'impureté.

De l'abus des nudités de gorge,
abbé Boileau

La plupart des femmes n'ont guère de principes ; elles se conduisent par le cœur, et dépendent pour leurs mœurs de ceux qu'elles aiment.

Les Caractères, Jean de La Bruyère

C'est une chose merveilleuse qu'on veuille faire passer la femme pour le plus grand de tous les maux dont les hommes sont persécutés, au même temps qu'on les voit se donner mille peines pour la conservation de ce mal, prendre des jalousies extrêmes de sa possession, l'aimer tellement qu'ils ne le peuvent perdre de vue, et employer tous leurs soins pour faire en sorte que personne n'en jouisse qu'eux. Qui a jamais ouï parler d'un mal de cette nature ?

Petits Traités,
François La Mothe Le Voyer

CHRYSALE
Nos pères, sur ce point, étaient gens bien sensés,
Qui disaient qu'une femme en sait toujours assez,
Quand la capacité de son esprit se hausse
À connaître un pourpoint d'avec un
[haut-de-chausse.

Les Femmes savantes, Molière

Les femmes croient souvent aimer encore qu'elles n'aiment pas. L'occupation d'une intrigue, l'émotion d'esprit que donne la galanterie, la pente naturelle au plaisir d'être aimées, et la peine de refuser, leur persuadent qu'elles ont de la passion lorsqu'elles n'ont que de la coquetterie.

Maximes, La Rochefoucauld

TRAITÉS ET LIVRES
EN FAVEUR DES FEMMES

Gabrielle Suchon, *Petit Traité de la faiblesse, de la légèreté et de l'inconsistance qu'on attribue aux femmes mal à propos.*

***

Marie de Gournay, *Égalité des hommes et des femmes.*

***

Charlotte de Brachart, *Harangue qui s'adresse aux hommes qui veulent défendre la science aux femmes.*

***

Jacquette Guillaume, *Les Dames illustres, où, par bonnes et fortes raisons, il se prouve que le sexe féminin surpasse en toute sorte de genre le sexe masculin.*

***

Jacqueline de Miremont, *Apologie pour les dames où est montrée la précellence de la femme en toutes actions vertueuses.*

On n'écrit presque plus que pour les femmes, la guerre les a rendues si oisives, qu'il faut qu'elles lisent ; et les hommes sont si occupés qu'ils n'en ont pas le temps.

Furetieriana ou Les bons mots et les remarques de M. Furetière

LISETTE

En effet, tous ces soins sont des choses infâmes.
Sommes-nous chez les Turcs, pour renfermer les
[femmes ?
Car on dit qu'on les tient esclaves en ce lieu,
Et que c'est pour cela qu'ils sont maudits de Dieu.
Notre honneur est, monsieur, bien sujet à faiblesse
S'il faut qu'il ait besoin qu'on le garde sans cesse
Pensez-vous, après tout, que ces précautions
Servent de quelque obstacle à nos intentions ?
Et, quand nous nous mettons quelque chose à la tête,
Que l'homme le plus fin ne soit pas une bête ?
Toutes ces gardes-là sont visions de fous ;
Le plus sûr est, ma foi, de se fier en nous :
Qui nous gène se met en un péril extrême,
Et toujours notre honneur veut se garder lui-même.
C'est nous inspirer presque un désir de pécher,
Que montrer tant de soins de nous en empêcher ;
Et, si par un mari je me voyais contrainte,
J'aurais fort grande pente à confirmer sa crainte.

SGANARELLE, À ARISTE

Voilà, beau précepteur, votre éducation.
Et vous souffrez cela sans nulle émotion ?

ARISTE

Mon frère, son discours ne doit que faire rire :
Elle a quelque raison en ce qu'elle veut dire.
Leur sexe aime à jouir d'un peu de liberté ;
On le retient fort mal par tant d'austérité ;
Et les soins défiants, les verrous et les grilles
Ne font pas la vertu des femmes ni des filles.
C'est l'honneur qui les doit tenir dans le devoir,
Non la sévérité que nous leur faisons voir.
C'est une étrange chose, à vous parler sans feinte,
Qu'une femme qui n'est sage que par contrainte.
En vain sur tous ses pas nous prétendons régner,
Je trouve que le cœur est ce qu'il faut gagner ;
Et je ne tiendrais, moi, quelque soin qu'on se donne,
Mon honneur guère sûr aux mains d'une personne
À qui, dans les désirs qui pourraient l'assaillir,
Il ne manquerait rien qu'un moyen de faillir.

SGANARELLE

Chansons que tout cela.

ARISTE

Soit ; mais je tiens sans cesse
Qu'il nous faut en riant instruire la jeunesse,
Reprendre ses défauts avec grande douceur,
Et du nom de vertu ne lui point faire peur.
Mes soins pour Léonor ont suivi ces maximes ;

Des moindres libertés je n'ai point fait des crimes.
À ses jeunes désirs j'ai toujours consenti,
Et je ne m'en suis point, grâce au ciel, repenti.
J'ai souffert qu'elle ait vu les belles compagnies,
Les divertissements, les bals, les comédies ;
Ce sont choses, pour moi, que je tiens de tout temps
Fort propres à former l'esprit des jeunes gens ;
Et l'école du monde, en l'air dont il faut vivre,
Instruit mieux, à mon gré, que ne fait aucun livre,
Elle aime à dépenser en habits, linge et nœuds ;
Que voulez-vous ? Je tâche à contenter ses vœux ;
Et ce sont des plaisirs qu'on peut, dans nos familles,
Lorsque l'on a du bien, permettre aux jeunes filles.
Un ordre paternel l'oblige à m'épouser ;
Mais mon dessein n'est pas de la tyranniser.
Je sais bien que nos ans ne se rapportent guère,
Et je laisse à son choix liberté tout entière.
Si quatre mille écus de rente bien venants,
Une grande tendresse et des soins complaisants,
Peuvent, à son avis, pour un tel mariage,
Réparer entre nous l'inégalité d'âge,
Elle peut m'épouser ; sinon, choisir ailleurs.
Je consens que sans moi ses destins soient meilleurs ;
Et j'aime mieux la voir sous un autre hyménée,
Que si contre son gré sa main m'était donnée !

L'École des maris, Molière

Pour qu'une nouvelle mariée soit heureuse, il faut qu'entrant dans la maison de son époux le jour de ses noces, elle casse du pied un œuf et qu'on lui jette du blé sur le corps.

Traité des superstitions,
Jean-Baptiste Thiers

Un homme est plus fidèle au secret d'autrui qu'au sien propre ; une femme au contraire garde mieux son secret que celui d'autrui.

Les Caractères, Jean de La Bruyère

Jean de la Bruyere de l'Academie françoise et Gentilhomme de Mr. le Prince né à Paris et mort a Versailles le 10 may 1696. agé de 57. ans.
Gravé par E. Desrochers et se vend chez lui à Paris rue St Jacques au Mecenas.
J'ay peint au Naturel l'jmpertinent, le Sot,
Le Fat, l'Ambitieux, l'Avare et le Bigot:
Mon Livre est vn Tableau des Erreurs de la vie
De tout le genre-humain il contient le Portrait
Le sage y rit de ceux, dont j'ay peint la folie
Et l'jnsensé s'y Méconnoit.

L'amour le plus parfait n'est pas le mariage.

La Galerie du Palais, Pierre Corneille

Tantôt elles demandent une bague, un crêpe, une écharpe, un cotillon, des escarpins, tantôt blé, vin et viandes, tantôt or et argent, une si grande quantité et si souvent, que l'on s'en ennuie. Que si vous les refusez, tous les services du monde et tous les devoirs rendus par le passé ne sont capables d'empêcher un implacable dédain.

Alphabet de l'imperfection et malice des femmes, Jacques Olivier

ÉPIGRAMME

Je mourrai de trop de désir,
Si je la trouve inexorable ;
Je mourrai de trop de plaisir,
Si je la trouve favorable.
Ainsi je ne saurais guérir
De la douleur qui me possède
Je suis assuré de périr
Par le mal ou par le remède.

Isaac de Bensérade

La coquetterie est le fond de l'humeur des femmes. Mais toutes ne la mettent pas en pratique, parce que la coquetterie de quelques-unes est retenue par la crainte ou par la raison.

***

La vanité, la honte, et surtout le tempérament, font souvent la valeur des hommes, et la vertu des femmes.

Maximes, La Rochefoucauld

C'est aussi pour leur sûreté autant que pour la nôtre, c'est pour leur salut, autant que pour le salut des hommes, que les Pères de l'église et les grands hommes ont, de siècle en siècle, déclamé contre les bals, les comédies et les autres spectacles publics où les femmes montrent leur gorge et leurs épaules avec plus de liberté et plus d'afféterie. Quelque innocents que soient les spectacles en eux-mêmes, ils deviennent en quelque sorte criminels tant ils sont dangereux pour les femmes et pour les hommes. Pour les hommes parce qu'ils leur donnent une liberté entière, et même une grande facilité de considérer à loisir et avec attention la nudité des femmes. Pour les femmes parce qu'elles y ont une funeste commodité ; et souvent elles s'y trouvent dans une nécessité fâcheuse d'entendre les discours déshonnêtes des jeunes gens, qui, sous prétexte de donner des applaudissements à leur bonne grâce ou à leur beauté, dressent des pièges à leur vertu, blessent et affaiblissent leur pudeur.

De l'abus des nudités de gorge,
abbé Boileau

Peux-tu ne savoir pas que la civilité,
Chez les femmes naquit avec l'honnêteté,
Que chez elles se prend la fine politesse,
Le bon air, le bon goût et la délicatesse.
Regarde un peu de près celui qui, loup-garou,
Loin du sexe a vécu renfermé dans son trou,
Tu le verras, crasseux, maladroit et sauvage,
Farouche dans ses mœurs et rude en son langage.

Apologie des femmes, Charles Perrault

CHRYSALE
Pour peu que l'on s'oppose à ce que veut sa tête,
On en a pour huit jours d'effroyable tempête.
Elle me fait trembler dès qu'elle prend son ton ;
Je ne sais où me mettre, et c'est un vrai dragon ;
Et cependant, avec toute sa diablerie,
Il faut que je l'appelle et mon cœur et ma mie.

ARISTE
Allez, c'est se moquer. Votre femme, entre nous,
Est, par vos lâchetés, souveraine sur vous.
Son pouvoir n'est fondé que sur votre faiblesse ;
C'est de vous qu'elle prend le titre de maîtresse ;
Vous-même à ses hauteurs vous vous abandonnez,
Et vous faites mener, en bête, par le nez.

Les Femmes savantes, Molière

Il arrive quelquefois qu'une femme cache à un homme toute la passion qu'elle sent pour lui, pendant que de son côté il feint pour elle toute celle qu'il ne sent pas.

Les Caractères, Jean de La Bruyère

Je laisse les autres histoires pour dire en dernier ressort que la colère est plus ordinaire, et plus violente aux femmes qu'aux hommes : car cette passion se logeant toujours aux choses plus faibles et infirmes que plus fortes, et la femme étant naturellement plus fragile que l'homme, ce n'est pas par merveille, si nous la disons plus sujette à cette passion.

Alphabet de l'imperfection et malice des femmes, Jacques Olivier

Stances à Parthénice

Parthénice, il n'est rien qui résiste à tes charmes
Ton empire est égal à l'empire des dieux ;
Et qui pourrait te voir sans te rendre les armes,
Ou bien serait sans âme, ou bien serait sans yeux.

Pour moi je l'avouerai, sitôt que je t'eus vue
Je ne résistai point ; je me rendis à toi :
Mes sens furent charmés, ma raison fut vaincue,
Et mon cœur tout entier se rangea sous ta loi.

Je vis sans déplaisir ma franchise asservie ;
Sa perte n'eut pour moi rien de rude et d'affreux ;
J'en perdis tout ensemble et l'usage et l'envie :
Je me sentis esclave, et je me crus heureux.

Jean Racine

La poulle qui chante
deuant le coc
La premiere femme
est vn balet, et la
seconde est
dame.
Il est trop bon
Caquet
bon
bec
la
poulle
a ma
tante
Ce sera ie chaut il na
pas fet la besongne
il fera la bouilhe
a lenfant

T'ai-je encor peint, dis-moi, la fantasque inégale,
Qui m'aimant le matin, souvent me hait le soir ?
T'ai-je peint la maligne aux yeux faux, au cœur noir ?
T'ai-je encore exprimé la brusque impertinente ?
T'ai-je tracé la vieille à morgue dominante,
Qui veut vingt ans encore après le sacrement,
Exiger d'un mari les respects d'un amant ?
T'ai-je fait voir de joie une belle animée,
Qui souvent d'un repas sortant toute enfumée,
Fait, même à ses amants trop faibles d'estomac,
Redouter ses baisers pleins d'ail et de tabac ?
T'ai-je encore décrit la dame brelandière,
Qui des joueurs chez soi se fait cabaretière,
Et souffre des affronts que ne souffrirait pas
L'hôtesse d'une auberge à dix sous par repas ?
Ai-je offert à tes yeux ces tristes Tisiphones,
Ces monstres pleins d'un fiel que n'ont point les lionnes,

Qui, prenant en dégoût les fruits nés de leur flanc,
S'irritent sans raison contre leur propre sang ;
Toujours en des fureurs que les plaintes aigrissent,
Battent dans leurs enfants l'époux qu'elles haïssent,
Et font de leur maison, digne de Phalaris,
Un séjour de douleurs, de larmes et de cris ?
Enfin, t'ai-je dépeint la superstitieuse,
La pédante au ton fier, la bourgeoise ennuyeuse ;
Celle qui de son chat fait son seul entretien ;
Celle qui toujours parle et ne dit jamais rien ?
Il en est des milliers ; mais ma bouche enfin lasse,
Des trois quarts pour le moins veut bien te faire grâce.

Satire X, Contre les femmes,
Nicolas Boileau

Voici quatre vers qui vous apprendront le caractère des femmes vertueuses :

Le Juste au sentiment du Sage,
Pèche sept fois et davantage.
Et la Femme juste, combien ?
Ma foi, le Sage n'en dit rien.

Le Livre sans nom, Charles Cotolendi

Une dame de ma connaissance et de ce caractère ayant perdu son époux, son confesseur *ad honores* vint la voir le lendemain de son enterrement ; il la trouva jouant au piquet avec un jeune homme bien fait : ce confesseur fut fort surpris. « Quoi, dit ce bon père, vous venez de perdre Monsieur votre mari, et vous en avez si peu de déplaisir, où est cette douleur que vous devriez du moins faire paraître ? – Vraiment mon père, répondit cette dame, si vous étiez venu une demie heure plus tôt, vous m'auriez vue toute baignée de pleurs ; mais cette douleur que vous me reprochez si vivement, je l'ai jouée contre ce Monsieur, et je la viens de perdre. »

Furetieriana ou Les bons mots et les remarques de M. Furetière

Selon la pensée de l'apôtre saint Paul, Dieu n'a donné une longue chevelure aux filles et aux femmes, qu'afin qu'elle leur servît d'un voile naturel pour couvrir leur gorge et leurs épaules, et que la nature même leur imprime un grand désir de conserver pour ce sujet la longueur de leurs cheveux, afin qu'elles aient toujours de quoi se voiler lorsqu'elles seront surprises par les regards de quelque curieux.

De l'abus des nudités de gorge,
abbé Boileau

PHILAMINTE

Car enfin, je me sens un étrange dépit
Du tort que l'on nous fait du côté de l'esprit ;
Et je veux nous venger, toutes tant que nous sommes,
De cette indigne classe où nous rangent les hommes,
De borner nos talents à des futilités,
Et nous fermer la porte aux sublimes clartés.

Les Femmes savantes, Molière

Les femmes n'ont qu'à se souvenir de leur origine, et sans trop vanter leur délicatesse, songer après tout qu'elles viennent d'un os surnuméraire où il n'y avait de beauté que celle que Dieu y voulut mettre.

Élévations sur les mystères,
Jacques-Bénigne Bossuet

Phyllis, ta légèreté
Ne m'a jamais tourmenté ;
S'il est des Thyrsis,
Il est des Chloris,
Les choses sont bien égales ;
Et si mes rivaux sont tes favoris,
J'aimerai tes rivales.

Jean-François Sarasin

Un homme éclate contre une femme qui ne l'aime plus, et se console ; une femme fait moins de bruit quand elle est quittée, et demeure longtemps inconsolable.

Les Caractères, Jean de La Bruyère

Uranie

L'honnêteté d'une femme n'est pas dans les grimaces. Il sied mal de vouloir être plus sage, que celles qui sont sages. L'affectation en cette matière est pire qu'en toute autre et je ne vois rien de si ridicule, que cette délicatesse d'honneur, qui prend tout en mauvaise part, donne un sens criminel aux plus innocentes paroles et s'offense de l'ombre des choses. Croyez-moi, celles qui font tant de façons n'en sont pas estimées plus femmes de bien. Au contraire, leur sévérité mystérieuse, et leurs grimaces affectées irritent la censure de tout le monde, contre les actions de leur vie. On est ravi de découvrir ce qu'il peut y avoir à redire ; et pour tomber dans l'exemple, il y avait l'autre jour des femmes à cette comédie, vis-à-vis de la loge où nous étions, qui par les mines qu'elles affectèrent toute la pièce, leur détournement de tête et leurs cachements de visage, firent dire de tous côtés cent sottises de leur conduite, que l'on aurait pas dites sans cela ; et quelqu'un même des laquais cria tout haut, qu'elles étaient plus chastes des oreilles que de tout le reste du corps.

La Critique de l'École des femmes,
Molière

L'imbécillité du sexe féminin n'empêche pas qu'on ne voie beaucoup de maisons soutenues par l'esprit de la femme, qui se perdaient sous la mauvaise conduite du mari. Et quoique les lois faites par les hommes aient donné en beaucoup de lieux l'exclusion des principales charges aux femmes, elles n'ont pas laissé d'en exercer avec grande réputation en d'autres endroits, au point qu'Eusèbe reconnaît dans son *Histoire écclésiastique*, que l'Éthiopie a presque toujours été gouvernée par elles. Combien en pourrions-nous produire qui ont été aux plus grands personnages ce qu'était Aspasie à Socrate au sujet de la philosophie où elle l'instruisait, et à Périclès à qui elle faisait des leçons d'éloquence !

Petits Traités,
François La Mothe Le Voyer

L'honnêteté des femmes est souvent l'amour de leur réputation et de leur repos.

***

Ce que nous prenons pour des vertus n'est souvent qu'un assemblage de diverses actions et de divers intérêts, que la fortune ou notre industrie savent arranger ; et ce n'est pas toujours par valeur et par chasteté que les hommes sont vaillants, et que les femmes sont chastes.

Maximes, La Rochefoucauld

Une bonne femme, une bonne mule, une bonne chèvre, sont trois méchantes bêtes. Car si vous remarquez de près ces trois animaux vous y trouverez de la contradiction, ou je ne sais quoi de lunatique.

Alphabet de l'imperfection et malice des femmes, Jacques Olivier

Amour, que t'ai-je fait ? Dis-moi quel est mon
[crime,
D'où vient que je te sers tous les jours de victime ?
Qui t'oblige à m'offrir encor de nouveaux fers ?
N'es-tu point satisfait des maux que j'ai soufferts ?
Considère, cruel, quel nombre d'inhumaines
Se vante de m'avoir appris toutes tes peines ;
Car, quant à tes plaisirs, on ne m'a jusqu'ici
Fait connaître que ceux qui sont peines aussi.

Élégie, Jean de La Fontaine

Je ne comprends pas comment un mari qui s'abandonne à son humeur et à sa complexion, qui ne cache aucun de ses défauts, et se montre au contraire par ses mauvais endroits, qui est avare, qui est trop négligé dans son ajustement, brusque dans ses réponses, incivil, froid et taciturne, peut espérer de défendre le cœur d'une jeune femme contre les entreprises de son galant, qui emploie la parure et la magnificence, la complaisance, les soins, l'empressement, les dons, la flatterie.

Les Caractères, Jean de La Bruyère

LES FLEVR
DE
LAMOVR
Pour cueillir a mon gre la fleur que Je preten
Joffre a cette beaute flourettes des plus fines
Mais quoy ce fol amour couronne mon printemp
De soucis seulement de chardons & despines
LE PRINTEMPS

Lorsqu'on fait passer les nouvelles mariées, le jour de leur mariage, sous deux épées nues, mises en forme de croix de saint André, elles sont heureuses en ménage et leurs maris les traitent honnêtement.

Traité des superstitions,
Jean-Baptiste Thiers

Les femmes ont permission d'être faibles, et elles se servent sans scrupule de ce privilège.

Correspondance, Madame de Sévigné

Quand le sexe s'oublie, et de tant de façons
Sert de folle matière à de folles chansons,
N'as-tu pas remarqué que de tout ce scandale,
Les maris sont souvent la cause principale,
Soit par le dur excès de leur sévérité,
Soit par leur indolence et leur trop de bonté ?
S'il arrive qu'un jour aux nœuds du mariage,
En suivant mes désirs, ton heureux sort t'engage,
Ne t'avise jamais d'affecter la rigueur,
De vivre en pédagogue, avec trop de hauteur ;
Témoigne de l'amour, du respect, de l'estime,
En mari, toutefois, qui conduit et qui prime.
On a beau publier et prôner en tous lieux
Que le sexe est hautain, qu'il est impérieux,
La femme, en son époux, aime à trouver son maître,
Lorsque, par ses vertus, il mérite de l'être ;
Si on la voit souvent résoudre et décider,
C'est que le faible époux ne sait pas commander.

Apologie des femmes, Charles Perrault

ÉLISE

Il est vrai que la dame est un peu embarrassante de son naturel ; j'ai toujours eu pour elle une furieuse aversion : et n'en déplaise à sa qualité, c'est la plus sotte bête qui se soit jamais mêlée de raisonner.

URANIE

L'épithète est un peu forte.

ÉLISE

Allez, allez, elle mérite bien cela, et quelque chose de plus, si on lui faisait justice. N'est-il pas une personne qui soit plus véritablement qu'elle, ce qu'on appelle précieuse, à prendre le mot dans sa plus mauvaise signification.

URANIE

Elle se défend bien de ce nom pourtant.

ÉLISE

Il est vrai, elle se défend bien du nom, mais non pas de la chose : car enfin elle l'est depuis les pieds jusqu'à la tête et la plus grande façonnière du monde. Il semble que tout son corps soit démonté et que les mouvements de ses hanches, de ses épaules et de sa tête n'aillent que par ressorts. Elle affecte toujours un ton de voix languissant et niais ; fait la moue, pour montrer une petite bouche et roule les yeux pour les faire paraître plus grands.

La Critique de l'École des femmes,
Molière

On peut trouver des femmes qui n'ont jamais eu de galanterie ; mais il est rare d'en trouver qui n'en aient jamais eu qu'une.

Maximes, La Rochefoucauld

Parmi toutes les mauvaises qualités qu'on attribue ordinairement aux personnes du Sexe, la faiblesse, la légèreté et l'inconstance sont toujours leurs premiers titres. Les hommes se sont formé une si grande habitude de maltraiter les femmes en paroles qu'ils le font insensiblement, n'imaginant même pas qu'elles puissent s'en offenser.

Comme c'est par la force, par la fermeté et par la persévérance qu'on se distingue des autres et qu'on s'élève au-dessus des gens du commun, il ne faut pas s'étonner que les hommes tâchent autant qu'ils peuvent de s'attribuer ces grandes qualités.

On peut être surpris qu'ils prétendent s'en rendre les seuls possesseurs, au préjudice des femmes. Et comme elles sont une partie égale et essentielle de la nature humaine, on ne sait d'où vient qu'elles ne se mettent point sur la défense, depuis tant d'années qu'on s'est fait comme une loi de les traiter avec le dernier mépris.

Car bien qu'elles ressentent vivement toutes ces choses, elles ne manquent pas de les supporter avec beaucoup de constance, sachant très bien qu'elles ne sont pas faibles, légères et changeantes parce qu'on les nomme ainsi, mais que ce sont seulement des mots inventés par la mauvaise volonté de leurs ennemis.

Petit Traité de la faiblesse, de la légèreté et de l'inconstance qu'on attribue aux femmes mal à propos,
Gabrielle Suchon

On reconnaît aisément les femmes coquettes à la manière de s'habiller, au monde qu'elles reçoivent chez elles, à leurs domestiques, à leur façon de parler, mais on les reconnaît aussi au nombre de copies qu'elles font faire de leurs portraits.

Furetieriana ou Les bons mots et les remarques de M. Furetière

Il y a telle femme qui anéantit ou qui enterre son mari au point qu'il n'en est fait dans le monde aucune mention : vit-il encore ? ne vit-il plus ? on en doute. Il ne sert dans sa famille qu'à montrer l'exemple d'un silence timide et d'une parfaite soumission. Il ne lui est dû ni douaire ni conventions ; mais à cela près, et qu'il n'accouche pas, il est la femme, et elle le mari. Ils passent les mois entiers dans une même maison sans le moindre danger de se rencontrer ; il est vrai seulement qu'ils sont voisins. Monsieur paye le rôtisseur et le cuisinier, et c'est toujours chez Madame qu'on a soupé. Ils n'ont souvent rien de commun, ni le lit, ni la table, pas même le nom : ils vivent à la romaine ou à la grecque ; chacun a le sien ; et ce n'est qu'avec le temps, et après qu'on est initié au jargon d'une ville, qu'on sait enfin que M. B... est publiquement depuis vingt années le mari de Mme L...

Les Caractères, Jean de La Bruyère

Mari et femme sont joints ensemble comme la mie et la croûte.

Le Moyen de parvenir,
Béroalde de Verville

Mais je veux maintenant te dire en quelle sorte
Une galante femme en habits se comporte :
Il lui faut des carcans, chaînes et bracelets,
Diamants, affiquets et montants de collets,
Pour charger un mulet, et voire davantage
Dont on pourrait avoir aisément un village.

Discours nouveau sur la mode

Voilà quel sera l'effet de la nudité que vous affectez, ô femmes mondaines, voilà ce qu'elle vous présage. Elle vous rend maintenant criminelles, elle vous rendra un jour malheureuses ; elle vous fait maintenant des amants, elle vous fera un jour des ennemis.

De l'abus des nudités de gorge,
abbé Boileau

Peut-être donc Dieu va-t-il former le second sexe comme il avait formé le premier ? Non, il veut donner au monde dans les deux sexes l'image de l'unité la plus parfaite et le symbole futur du grand mystère de Jésus-Christ. C'est pourquoi il tire la femme de l'homme même, et la forme d'une côte superflue qu'il lui avait mise exprès dans le côté. Mais pour montrer que c'était là un grand mystère, et qu'il fallait regarder avec des yeux plus épurés que les corporels, la femme est produite dans une extase d'Adam ; et c'est par un esprit de prophétie qu'il connut tout le dessein d'un si bel ouvrage. Le Seigneur Dieu envoya un sommeil à Adam, un sommeil, disent tous les saints, qui fut un ravissement et la plus parfaite de toutes les extases, et Dieu prit une côte d'Adam, et il en remplit de chair la place. Ne demandez donc point à Dieu, pourquoi voulant tirer de l'homme la compagne qu'il lui donnait, il prit un os plutôt que de la chair ; car s'il avait pris de la chair, on aurait pu demander de même, pourquoi il aurait pris de la chair plutôt qu'un os. Ne lui demandons non plus ce qu'il ajouta à la côte d'Adam pour en former un corps parfait : la matière ne lui manque pas ; et, quoi qu'il en soit, cet os se ramollit entre ses mains. C'est de cette dureté qu'il voulut former ces délicats et tendres membres, où dans la nature innocente il ne faut rien imaginer qui ne fût aussi pur qu'il était beau.

Élévations sur les mystères,
Jacques-Bénigne Bossuet

Finalement si l'Écriture a déclaré le mari, chef de la femme, la plus grande sottise que l'homme peut faire, c'est de prendre cela pour passe-droit de dignité. Car vu les exemples, autorités et raisons notées en ce discours, par où l'égalité des grâces et faveurs de Dieu envers les deux espèces ou sexes est prouvée, voire leur unité même, et vu que Dieu prononce : « Les deux ne seront qu'un » et prononce encore : « L'homme quittera père et mère pour suivre sa femme » ; il paraît que cette déclaration n'est faite que par le besoin exprès de nourrir paix en mariage. Lequel besoin requérait, sans doute, qu'une des parties cédât à l'autre, et la prestance des forces du mâle ne pouvait pas souffrir que la soumission vînt de sa part.

Grief des femmes, Marie de Gournay

Fokel
Iaep

Divers proverbes

La femme fait ou défait la maison.

***

Foi de femme est plume sur l'eau.

***

Il vaudrait mieux tenir un panier de souris qu'une fille de vingt ans.

***

Celui qui frappe sa femme est comme celui qui frappe un sac de farine : tout le bon s'en va et le mauvais reste.

***

Il ne faut prêter ni son épée, ni son chien, ni sa femme.

***

Qui se marie à la hâte, se repent à loisir.

Si elle est courtisane ou mondaine, elle aimera mieux la bourse que la bouche, et cependant qu'on aura moyen de jouer des pouces, elle trouvera mille moyens de jouer des yeux pour vider les coffres aux écus : les banquets seront la première épreuve, les présents suivront cet apprentissage, et pensant posséder un monde, l'on possédera une femme qui sera à tout le monde, et quoiqu'elle soit avaricieuse pour l'essence du ménage et l'entretien du principal, la vanité la rendra prodigue et libérale ; elle fera, par ses attraits et charmeuses caresses, en sorte que le pauvre mari ne l'osera refuser, car jamais l'amour n'est avare : faudra souvent ouvrir pour avoir des robes, des cottes de soie, des enseignes de pierreries, des chaînes, des perles, des carcans, des bracelets, des pendants d'oreille, des diamants, des miroirs émaillés, et d'autres nippes de la propreté du siècle : faudra encore pour mieux se pavaner, des écharpes, des boutons pour une robe, la coiffe doublée de velours ou de taffetas, selon la saison, les rubans pour ornement de tête, des fraises, des rabats, des dentelles, des gants parfumés, des manchons, des mouchoirs de pointes coupées pour couvrir sa gorge. Enfin elle moissonnera si nettement en la maison du mari, qu'il n'y trouvera de quoi glaner pour survenir au besoin.

Alphabet de l'imperfection et malice des femmes, Jacques Olivier

Cinq ou six soupirs, cinq ou six fleurettes,
Cinq ou six : Hélas, je meurs d'amour,
Cinq ou six fois par jour
Hanter cinq ou six coquettes,
Dépenser cinq ou six mille écus ;
On fait cinq ou six maris cocus.

Jean-François Sarasin

MARTINE
Les savants ne sont bons que pour prêcher en chaise ;
Et pour mon mari, moi, mille fois je l'ai dit,
Je ne voudrais jamais prendre un homme d'esprit.
L'esprit n'est point du tout ce qu'il faut en ménage.
Les livres cadrent mal avec le mariage ;
Et je veux, si jamais on engage ma foi,
Un mari qui n'ait point d'autre livre que moi,
Qui ne sache A ni B, n'en déplaise à madame,
Et ne soit, en un mot, docteur que pour sa femme.

Les Femmes savantes, Molière

Il y a peu de femmes si parfaites, qu'elles empêchent un mari de se repentir du moins une fois le jour d'avoir une femme, ou de trouver heureux celui qui n'en a point.

Les Caractères, Jean de La Bruyère

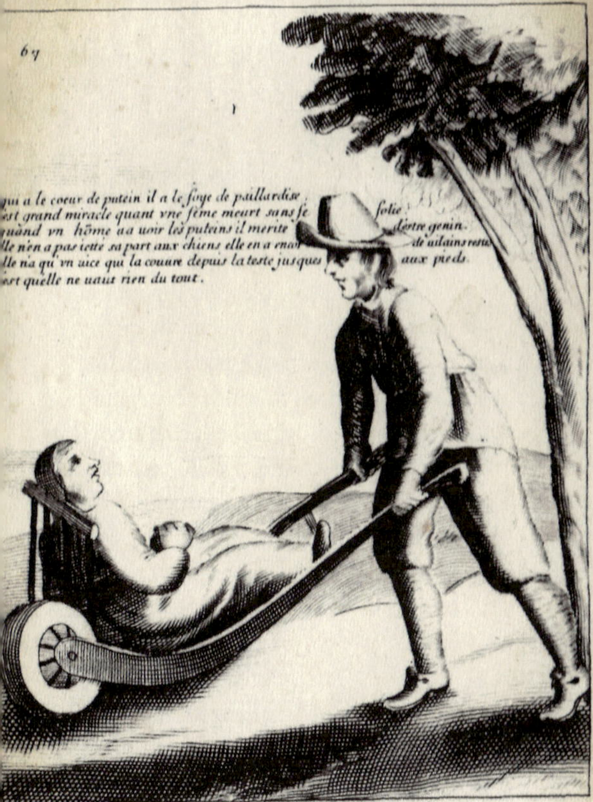

Cenest ny baril de Vinaigre
encor moins Verjus de mon cru
Mais helas vnë Eschine maigre
que ie brouette a LVSTVCRV.

La sévère Diane, en l'espace d'un mois,
Si je sais bien compter, m'a souri quatre fois;
Chloé pour mon trépas a fait semblant de craindre;
Amarante m'a plaint; Doris m'a laissé plaindre;
Clarisse a d'un regard mon tourment couronné;
Je me suis vu languir dans les yeux de Daphné.
Ce sont là tous les biens donnés à mes souffrances;
Les autres n'ont été que vaines espérances;
Et, même en me trompant, cet espoir a tant fait
Que le regret que j'ai les rend maux en effet.
Quant aux tourments soufferts en servant quelque [ingrat
C'est où j'excelle : Amour, tu sais si je me flatte.
Te souvient-il d'Aminte? Il fallut soupirer,
Gémir, verser des pleurs, souffrir sans murmurer,
Devant que mon tourment occupât sa mémoire;
Y songeait-elle encore? Hélas! l'osé-je croire?
Calliste faisait pis; et, cherchant un détour,
Répondait d'amitié quand je parlais d'amour :

Je lui donne le prix sur toutes mes cruelles.
Enfin, tu ne m'as fait adorer tant de belles
Que pour me tourmenter en diverses façons.
Cependant ce n'est pas assez de ces leçons :
Tu me fais voir Clymène ; elle a beaucoup de
[charmes ;
Mais pour une ombre vaine elle répand des larmes ;
Son cœur dans un tombeau fait vœu de s'enfermer,
Et, capable d'amour, ne me saurait aimer.
Il ne me restait plus que ce nouveau martyre :
Veux-tu que je l'éprouve, Amour ? Tu n'as qu'à dire.
Quand tu ne voudrais pas, Clymène aura mon cœur :
Dis-le lui, car je crains d'irriter sa douleur.

Élégie, Jean de La Fontaine

La plupart des femmes ont toujours assez d'esprit pour se tirer d'une situation difficile. Mieux vaudrait qu'elles aient eu celui de l'éviter.

Correspondance, Madame de Sévigné

SGANARELLE

Mon Dieu ! chacun raisonne et fait comme il lui plaît.
Elles sont sans parents, et notre ami leur père
Nous commit leur conduite à son heure dernière,
Et nous chargeant tous deux, ou de les épouser,
Ou sur notre refus, un jour d'en disposer,
Sur elles, par contrat, nous sut, dès leur enfance
Et de père et d'époux donner pleine puissance :
D'élever celle-là vous prîtes le souci,
Et moi je me chargeai du soin de celle-ci ;
Selon vos volontés vous gouvernez la vôtre ;
Laissez-moi, je vous prie, à mon gré régir l'autre.

ARISTE

Il me semble...

SGANARELLE
Il me semble, et je le dis tout haut,
Que sur un tel sujet c'est parler comme il faut.
Vous souffrez que la vôtre aille leste et pimpante,
Je le veux bien : qu'elle ait et laquais et suivante,
J'y consens : qu'elle coure, aime l'oisiveté,
Et soit des damoiseaux fleurée en liberté,
J'en suis fort satisfait : mais j'entends que la mienne
Vive à ma fantaisie, et non pas à la sienne ;
Que d'une serge honnête elle ait son vêtement,
Et ne porte le noir qu'aux bons jours seulement ;
Qu'enfermée au logis, en personne bien sage,
Elle s'applique toute aux choses du ménage,
À recoudre mon linge aux heures de loisir,
Ou bien à tricoter quelques bas par plaisir ;
Qu'aux discours des muguets elle ferme l'oreille,
Et ne sorte jamais sans avoir qui la veille.
Enfin la chair est faible, et j'entends tous les bruits.
Je ne veux point porter des cornes, si je puis ;
Et comme à m'épouser sa fortune l'appelle,
Je prétends, corps pour corps, pouvoir répondre d'elle.

L'École des maris, Molière

Mais de qui les femmes ont-elles appris, sinon de l'erreur et du mensonge, qu'elles ne peuvent nuire à personne dans leur famille quoiqu'elles aient le sein et les épaules nues ? Ne puis-je pas leur dire avec Tertullien, ou vous êtes mère, ou vous êtes fille, ou vous êtes sœur ?

De l'abus des nudités de gorge,
abbé Boileau

Je ne suis pas de ceux qui disent : « Ce n'est rien,
C'est une femme qui se noie. »

Je dis que c'est beaucoup ; et ce sexe vaut bien
Que nous le regrettions, puisqu'il fait notre joie ;
Ce que j'avance ici n'est point hors de propos,
Puisqu'il s'agit en cette fable,
D'une femme qui dans les flots
Avait fini ses jours par un sort déplorable.
Son époux en cherchait le corps,
Pour lui rendre, en cette aventure,
Les honneurs de la sépulture.
Il arriva que sur les bords
Du fleuve auteur de sa disgrâce
Des gens se promenaient ignorant l'accident.
Ce mari donc leur demandant
S'ils n'avaient de sa femme aperçu nulle trace :

« Nulle, reprit l'un d'eux ; mais cherchez-la plus
[bas ;
Suivez le fil de la rivière. »
Un autre repartit : « Non, ne le suivez pas ;
Rebroussez plutôt en arrière :
Quelle que soit la pente et l'inclination
Dont l'eau par sa course l'emporte,
L'esprit de contradiction
L'aura fait flotter d'autre sorte. »

Cet homme se raillait assez hors de saison.
Quant à l'humeur contredisante,
Je ne sais s'il avait raison ;
Mais que cette humeur soit ou non,
Le défaut du sexe et sa pente,
Quiconque avec elle naîtra
Sans faute avec elle mourra,
Et jusqu'au bout contredira,
Et, s'il peut, encor par-delà.

La Femme noyée,
Jean de La Fontaine

Jamais serpent ni vipère n'eut tant de poison qu'une femme méchante en a par tout le corps et particulièrement en sa langue.

Alphabet de l'imperfection et malice des femmes, Jacques Olivier

Marinette

Moi qui suis la douceur même, qui ai une égalité d'humeur que rien ne peut déranger, cependant quand d'autres que Scaramouche me viennent dire quelque douceur, je prends un air froid, froid, mais froid à glacer les gens. Car pour de grosses paroles, je n'en saurais dire, et je crois qu'on me battrait, qu'on ne pourrait pas me faire quitter ce ton doux et gracieux que la nature m'a donné. Aussi dans notre mariage je serai la douceur même. Hé bien, n'est-ce pas dans trois jours que vous m'avez promis de m'épouser ?

Scaramouche

Mais, dans trois jours ! Écoutez, chère Marinette, laissons un peu calmer cet orage qui s'est élevé contre les femmes ; rien ne presse.

Marinette

Comment ? Rien ne presse ? Jour de Dieu, Scaramouche voudrait différer ? À d'autres. Ces sortes d'affaires ne valent rien dès qu'elles traînent ; le mariage est un de ces bons morceaux qu'il faut avaler de broc en bouche. Ça, tout à l'heure, qu'on m'épouse. Comment ? Parce que je suis la douceur même, et parce qu'il sait que je ne saurais dire un mot plus haut que l'autre, Monsieur Scaramouche me jouerait ? Tiens, malheureux, si tu l'avais seulement pensé, je ferais un hachis de ta personne, et je te donnerais à manger aux chiens ; je te crèverais les yeux, je t'arracherais le cœur, et avec toute ma douceur naturelle, je te mangerais l'âme à belles dents.

Arlequin défenseur du beau sexe,
Claude-Ignace Brugière de Barante

Ceux qui s'aiment d'abord avec la plus violente passion contribuent bientôt chacun de leur part à s'aimer moins, et ensuite à ne s'aimer plus. Qui, d'un homme ou d'une femme, met davantage du sien dans cette rupture, il n'est pas aisé de le décider. Les femmes accusent les hommes d'être volages, et les hommes disent qu'elles sont légères.

Les Caractères, Jean de La Bruyère

Si le nouvel époux et la nouvelle épouse dansent ensemble le jour de leurs noces, la nouvelle épousée sera la maîtresse et fera de la peine au nouvel époux durant tout le cours de leur mariage.

Traité des superstitions,
Jean-Baptiste Thiers

orte la beste morte le venin il ne se faut jamais estoner quon ne voye sa teste a ses pied
il est braue come vn boureaux qui faict ses pasques

La femme du bourgeois, qui aime l'inconstance
Pour le moins tout autant que la dame de France,
Pour se couvrir le sein la façon a appris
D'user de points coupés ou ouvrages de prix,
Et non d'avoir le haut de la robe fermée,
Comme elle avait jadis de faire accoutumée,
Et comme font encore beaucoup de nations,
Où je ne fais pas tant qu'ici d'inventions ;
Mais les dames, au moins pour la plupart, n'ont cure
D'avoir en cet endroit aucune couverture,
Elles aiment bien mieux avoir le sein ouvert
Et plus de la moitié du tétin découvert,
Elles aiment bien mieux de leur blanche poitrine
Faire paraître à nu la candeur albastrine,
D'où elles tirent plus de traits luxurieux,
Cent et cent mille fois, qu'elles ne font des yeux.

Discours nouveau sur la mode

ISABELLE

C'est une grande affaire que de se marier, ce n'est pas un nœud de paille, il tient toute la vie ce nœud-là, il faut bien se connaître avant que de se mettre ensemble ; et comment un amant nous connaîtrait-il si nous ne nous connaissons pas nous-mêmes ? Nous ne nous montrons à lui que par nos avantages, nous nous cachons à lui par nos défauts. On exagère tout ce que nous avons de bon, on déguise tout le reste ; et tel homme croit épouser une petite brebis, qui épouse un dragon dans toutes les formes.

Arlequin défenseur du beau sexe,
Claude-Ignace Brugière de Barante

Il en est, il est vrai, qui, dans leurs mariages,
N'ont pas toujours trouvé des épouses bien sages ;
Mais auraient-ils le front d'en oser murmurer ?
Ont-ils, en épousant, tâché d'en rencontrer ?
Eux, et leurs vieux parents, n'ont avec leurs bésicles,
Pendant des mois entiers, lu, relu des articles,
Qu'afin de parvenir, par leur soin diligent,
À bien appareiller deux tas d'or et d'argent,
Sans regarder plus loin, sans voir si les parties,
D'esprit, d'âge et d'humeur seraient bien assorties.
Ils ne comprennent point que pour vivre content,
Le choix de la personne est le plus important ;
C'est une vérité qui leur semble bizarre,
Et qui n'entra jamais dans le cœur d'un avare.

Apologie des femmes, Charles Perrault

La beauté retient mal un infidèle amant,
Ce n'est pas toujours pour une autre plus belle :
Pour une plus nouvelle,
On court au changement.

Le Livre sans nom,
Charles Cotolendi

Je vous dirai que de toutes les comparaisons dont on se sert pour représenter le naturel des femmes, je n'en trouve point de si propre que celle du poète Simonide, quand après beaucoup d'autres similitudes, il dit qu'elles sont parfaitement semblables à la mer. Car qu'y a-t-il d'agréable et d'attrayant comme ses calmes et ses bonaces ? Ou lorsqu'elle n'a d'agitation que ce qu'il en faut pour seconder le dessein d'une heureuse navigation ? Une femme dans sa belle humeur, et qui use de complaisance, a des charmes qui ne se peuvent exprimer. Mais comme il n'y a rien d'affreux à l'égal de cette même mer irritée par les vents, et agitée de la tempête ; tous les orages du ciel et d'ici-bas n'ont rien qui approche de la fureur d'une femme transportée de colère, ou que l'impétuosité de quelque autre passion met hors des termes de la raison. Dieu vous garde de vous trouver engagé dans de telles bourrasques.

Petits Traités,
François La Mothe Le Voyer

À la cour, à la ville, mêmes passions, mêmes faiblesses, mêmes petitesses, mêmes travers d'esprit, mêmes brouilleries dans les familles et entre les proches, mêmes envies, mêmes antipathies. Partout des brus et des belles-mères, des maris et des femmes, des divorces, des ruptures, et de mauvais raccommodements ; partout des humeurs, des colères, des partialités, des rapports, et ce qu'on appelle de mauvais discours. Avec de bons yeux on voit sans peine la petite ville, la rue Saint-Denis, comme transportées à V** ou à F**. Ici l'on croit se haïr avec plus de fierté et de hauteur, et peut-être avec plus de dignité : on se nuit réciproquement avec plus d'habileté et de finesse ; les colères sont plus éloquentes, et l'on se dit des injures plus poliment et en meilleurs termes ; l'on n'y blesse point la pureté de la langue ; l'on n'y offense que les hommes ou que leur réputation :

tous les dehors du vice y sont spécieux ; mais le fond, encore une fois, y est le même que dans les conditions les plus ravalées ; tout le bas, tout le faible et tout l'indigne s'y trouvent. Ces hommes si grands ou par leur naissance, ou par leur faveur, ou par leurs dignités, ces têtes si fortes et si habiles, ces femmes si polies et si spirituelles, tous méprisent le peuple, et ils sont peuple.

Les Caractères, Jean de La Bruyère

C'est un phénix au monde de trouver un homme qui se puisse défendre des attraits et des supercheries déloyales des femmes, ayant une fois chaussé leur esprit de malice, et aiguisé le fil de leurs langues serpentines contre la prud'homie de ceux qu'elles veulent offenser, par déplaisir reçu vrai ou imaginaire.

Alphabet de l'imperfection et malice des femmes, Jacques Olivier

Les hommes font bien de la différence entre une courtisane ou une coquette et une épouse : ils aiment ces nudités de gorge en celles qu'ils regardent comme des courtisanes ou des coquettes ; ils les désapprouvent en celles qu'ils désirent pour leurs épouses.

De l'abus des nudités de gorge,
abbé Boileau

LA
FEMME

Le Bât

Un peintre était, qui, jaloux de sa femme,
Allant aux champs, lui peignit un baudet
Sur le nombril, en guise de cachet.
Un sien confrère, amoureux de la dame.
La va trouver, et l'âne efface net.
Dieu sait comment ; puis un autre en remet
Au même endroit, ainsi que l'on peut croire.
À celui-ci, par faute de mémoire,
Il mit un bât ; l'autre n'en avait point.
L'époux revient, veut s'éclaircir du point :
« Voyez, mon fils, dit la bonne commère.
L'âne est témoin de ma fidélité.
– Diantre soit fait, dit l'époux en colère.
Et du témoin, et de qui l'a bâté. »

Contes et nouvelles en vers,
Jean de La Fontaine

On voit des hommes qui passent toute leur vie à peigner leurs cheveux, à laver leur barbe, à tenir leurs chausses bien tirées, à garnir des épées, à préparer des bottes neuves, à faire provision de gants, à choisir des chapeaux à la mode, à marchander des panaches, à battre le pavé, à tenir une raquette, à jeter les dés, à faire les cinq pas, à gourmander une collation, à se battre à coups d'oranges, à cajoler une femme, à se vanter de ce qu'on n'a pas fait, à envier les heureux, à mépriser les misérables, et à souffler perpétuellement d'une même bouche ou la calomnie ou la bouffonnerie, à ne prononcer jamais une parole sérieuse, comme si on avait renoncé à toute raison, et à ne dire du bien que lorsqu'on pense dire du mal. Quelle vie malheureuse est-ce là ? Quand telles personnes ont achevé leur course, ne méritent-elles pas qu'on leur fasse l'épitaphe d'un singe, puisqu'elles ont ainsi trahi leur raison ?

On voit d'autre part des femmes qui n'ont autre métier que de penser aux nouvelles modes des habits, que d'acheter de l'étoffe pour faire des jupes et des robes, que de marchander des pierreries, que de hausser leurs patins, que de faire fourrer des manchons, et monter des collets, que de regarder cent fois le jour un miroir, que de faire une consultation sur un poil de leur tête, que d'avoir de l'Eau d'Ange, et de la Poudre de Chypre, que d'apprendre toujours quelque nouvelle invention d'imposture pour la porter sur le front, où Dieu même de son doigt a marqué la pudeur, que de faire les délicates en un logis, et quereller tout le monde pour chatouiller leur impatience, que de piaffer en carrosse par une rue, roder chez des accouchées, badiner avec des muguets, pénétrer par curiosité dans toutes forces d'affaires, ne savoir rien et parler de tout, étourdir la moitié du monde par leur caquet, et tenir l'autre en haleine et en sueur à leur service, employer un quart de leur vie à s'habiller, l'autre à babiller, l'autre à danser et à jouer, l'autre à dormir, que restera-il pour Dieu ?

Voilà le beau ménage qu'on fait du temps ; voilà comme on manie les richesses de Dieu, et puis qui s'étonnera si cette vie dans ces beaux exercices est remplie de ténèbres, de confusion, d'une paresseuse et funeste oubliance de la vie future ?

La Cour sainte, Nicolas Caussin

Ci-gît ma femme. Ah ! qu'elle est bien !
Pour son repos et pour le mien.

Jacques Du Lorens

INDEX DES SOURCES

Volume illustré

Pages 4, 19, 26, 37, 53, 81, 94, 103, 120, 142, 157, 168, 185, 202, 209, 223, 233

Crédits photographiques :
© Photothèque Hachette : pages 19, 26, 53, 81, 103, 142, 157

Sur une idée originale de Nicole Masson

www.editionsduchene.fr

Éditrice : Nathalie Lefebvre
Suivi d'édition : Fanny Martin
Direction artistique : Camille Durand-Kriegel
Lecture-correction : Carine Merlin
Fabrication : Marion Lance
Partenariats et ventes directes : Claire Le Cocguen
(clecocguen@hachette-livre.fr)

Achevé d'imprimer en Chine
Dépôt légal : avril 2012
ISBN : 978-2-81230-581-8
34/8473/0-01